DIFE K AP VEGLE ZYE W LA

SERI 1

KAN SE LÈSPRI SEN AN KAP KONDI W

Kondwi pa Lespri

Mwen menm map priye Papa'm e li va bay nou yon lòt konsolatè, konsa lap rete pou toutan ak nou, Lespri la verite ke lemoun pa kapab resevwa a, paske yo pa ni wè li ni konnen li ; men nou, nou konnen li, paske li ak nou e lap toujou ak nou. Lè konsolatè a va vini, Lespri la verite ; li va mennen nou nan la verite ; paske se pa li menm kap pale, men la di tout sa li tande, e la va di nou bagay ki gen pou rive. Jn.14:16-17; 16:13

Depi nan Ansyen Testaman nou te deja konnen Sentespri pou jan li tap opere lè monn la tap kreye e nan jan planèt la tap gouvènen. Jenèz.1:2. Men aprè peche Adan an ki te genyen konsekans grav, Bondye te deside pou li pa kite lespri li toutan sou lòm. Jenèz.6:2 Depi lè sa, li sèvi ak kèk moun pou pale ak lòm. Se la nou ka konprann kote pawòl sa yo soti : « Me sa pawòl Bondye di mwen», « Letènèl di konsa», «Lespri Bondye montre mwen...» Poutan, Bondye gen yon lè kote li te pral mete Lespri li sou tout moun. Joèl. 2:28. Jezi te konfime sa lè li soufle Sentespri a sou disp li yo. Pat gen yon evènman konsa ki te janm rive depi aprè Adan ak Ev te chite. Jn.20:22 Depi lè sa, kretyen nan lemonn antye, anime pa Sentespri, ale chache sa kap pèdi yo.

Li mande tout moun ki kwè pou ale preche. Dayè se yon privilèj paske yo benefisye yon pisans san parèy pou libere nanm sila yo ki anba grif Satan; se yon devwa tou, ou byen se menm yon obligasyon paske le monn pa konnen Sentespri tèlman ke yo pa kite plas nan lavi yo pou resevwa li. Se nou menm ki kapab envite li ak mesaj repantans la. «Kondwi pa Lespri...» Ki gras sa! Nou egzòte w pou w pa resevwa gras Bondye pou grenmesi. 2Kor.6:1

Renaut Pierre Louis

Leson 1
Sentespri nan gwo operasyon li yo

Tèks pou prepare leson an: Jenèz.1:2; 11:1-9; Sòm.33:6; Es.6:2; 40:26; Da.10:13; Ez.1:6; Travay.2:1-11; 1Ko.2:10; Ebre.1:14
Tèks pou li nan klas la: 1Ko.2:9-12
Vèsè pou resite: Bondye voye Sentespri l' ki devwale sekrè travay sa a ban nou. Lespri Bondye sonde tout bagay, menm sa ki nan fon kè Bondye.**1Ko.2:10**
Mwayen pou fè leson an: Diskou, konparezon, kesyon
Bi leson an: Prezante Sentespri tankou Bondye souveren an.

Pou koumanse
Si nou rete sèlman nan Ansyen Testaman, nap wè aksyon dirèk 2 moun nan Sent Trinite a : Letènèl Bondye ak Jezikri. Sentespri a li menm, li aji. Li pa preske pale oubyen li pa pale ditou. Nan ka sa, ki wòl li?

I. **Sentespri nan kreyasyon an**
1. Li se Bondye, kòm se jeni li ye, li kreye tout bagay ak souf bouch li. Jenèz.1:2; 11:1-9; sòm.33:6
2. Li sipèvize planèt yo epi li mete tout bagay an ekilib nan linivè a. jenèz.1:2
   a. Li fè zetwal yo mache nan lòd, yo rele yo " Lame Selès La". Ez.40:26
   b. Li ranje nan yon fason simetrik tout sa kap viv yo.
   c. Li bay zanj yo wòl yo
3. Zanj yo menm se lespri ki sou zòd Bondye, li mete yo la pou rann sèvis a moun yo kap sove yo. Ebre.1:14
4. Akanj yo ou chèf zanj yo gen kèk misyon espesyal. Par egzanp, Bondye depeche akanj Mikayèl pou pote sekou bay yon zanj nan yon batay kont wa Pès la. Da. 10:13
5. Serafen yo ak 6 zèl yo. Yo se manb nan koral syèl la ki la pou lwe Bondye toutan. Jen.3 :24 ; Es.6:2
6. Cheriben yo ak 4 zèl yo. Se yo ki la pou bay pwoteksyon, se Minis Pou Defans yo ye. Jenèz.3:24; Ez.1:6

7. Li deside nan jan li vle ki kote pou li mete richès yo anwo tè a ak anba tè a.

   a. Depi anpil bilyon ane, gen kèk zòn nan dezè yo ki pwodwi gaz. Zòn sa yo rete sèk. Kèk lòt kote donnen plant pou fè twal.

   b. Genyen lòt zòn ki bon pou fè jaden ak pou plante viv pou moun manje.

   c. Gen zòn ki chaje ak pyè presièz ; men zonn sa yo pa ka fè jaden ; poutan gen lòt zonn ki pwodwi gwo pye bwa byen wo ki ka fè rebwazman ak bwa pou fè konstriksyon. Pye bwa sa yo tou bay anpil oksijen nan lè a, pou planèt la ka gen kont bon van pou nou respire.

   d. Menm nan fason sèvo lòm ap fonksyonen, gen pèp ki konnen plis pase yon lòt nan yon syans kèlkonk. Se pa pou grenmesi lespri a sonde tout bagay, menm pwofondè Bondye yo. 1Ko.2:10

   e. Nou pap bouke jwen egzanp pou montre ke Sentespri a se Bondye. Dayè li montre sa nan jan li mete jeni li deyò pou etabli kreyasyon an e li bay prèv nan gouvènman moral li sou tout bagay ke li te kreye yo.

Pou fini

Lespri se manifestasyon Bondye ke nou konnen an sèlman pa enfliyans li. Eske se Lespri kap kondwi ou?

Kesyon

1. Cheke repons ki bon yo:
   a. Sentespri se _ yon enfliyans _ yon sen _ Bondye
   b. Sentespri a gen kontwòl _ sou latè _ Nan syèl la _ tout kote

2. Cheke repons ki bon an:
   a. Zanj yo se kèk espri ki la _ pou sèvis lòm _ pou sèvis rwa yo _ pou sèvis Bondye.
   b. Sentespri a te depeche akanj Mikaèl pou Saddam Hussein _ Darius _ rwa peyi Pès la.

3. Vrè oubyen Fo:
   a. Cheriben yo gen 4 zèl _ V _ F
   b. Serafen yo gen 16 zèl _ V _ F
   c. Zanj yo gen 2 zèl _ V _ F
   d. Genyen lwil anba tè depi plis ke 6000 lan._V_F
   e. Lespri sonde tout bagay, menm fondè Bondye
      _ V _ F

Leson 2
Sentespri ap travay nan Gran Komisyon an

Tèks pou prepare leson an: Jenèz.11:1-11; Mt.11:28; Jn.16:7-8; Travay.2:1-11; 1Ko.14:22; Ebre.4:13

Tèks pou li nan klas la: Travay.1:1-8

Vèsè pou resite : Men, lè Sentespri a va desann sou nou, na resevwa yon pouvwa. Lè sa a, na sèvi m' temwen nan Jerizalèm, nan tout peyi Jide ak nan tout peyi Samari, jouk nan dènye bout latè. **Travay.1:8**

Mwayen pou fè leson an: Diskou, konparezon, kesyon

Bi leson an: Montre entèvansyon Sentespri a nan Gwo Komisyon An.

Pou koumanse
Fòk nou remake ke nan Ansyen Testaman an, Bib la te pale plis de Bondye kòm papa. Nan Nouvo Testaman an, se plis wòl Pitit la ki parèt. Poutan, nan etablisman legliz la, nou wè zèv Sentespri pi plis anpil. Ann gade li nan diferan operasyon li yo.

I.   **Sentespri nan kominikasyon bouch pou bouch.**
  1. Li etabli relasyon ant Bondye ak lòm ; se yon fason pou nou ka gen kontak ak gran Bondye sa ke pèsonn pa kapab kache devan li an. Ebre.4:13
  2. Li te bay yon sèl lang pou tout moun te pale. Apre sa li konfonn langaj yo lè yo tap chache pran endepandans yo de Bondye. Sa te rive lè yo tap konstwi pòs la nan lavil Babèl la. Nan tan saa, zafè «pale an lang» la se te yon jijman Bondye sou pèp saa. Jenèz.11:1-11
  3. Men Sentespri a te wete konfizyon sa nan jou Pannkòt la. Mat. 28:20; Travay.2:1-11
  4. Se te pou Levanjil la te kapab pwopaje, le Sentespri te fè apòt yo pale plizyè lang ke lòt pèp yo te déjà konn pale. Travay.2:4,8-11

II. Sentespri a nan manifestasyon li dirèkteman sou nanm yo.

1. Li ranpli kretyen an ak pisans. Travay.2:3
2. Zafè «Pale an lang» nan se te yon nesesite istorik pou koumanse Gran Komisyon An. Se konsa Apòt yo te pale ak pèleren yo nan lang manman yo lè yo te vinn nan fèt Pannkòt la, nan vil Jerizalèm. Travay.2:5,8
3. Lè yo retounen lakay yo, moun sa yo gaye Levanjil la tout kote. E se konsa nan yon sèl semèn, Levanjil la te rive jouk nan bout latè san apòt yo pat bezwen depanse lajan pou deplasman yo. Yo te gen pou fè yon sèl jès pou Sentespri te fè rès la.
4. Lang kretyen yo pale e ke yo konprann nan se yonn nan mwayen pou Levanjil preche a moun ki pa kwè yo nan lang manman yo menm. 1Ko.14:22 Se pa «pale an lang» ki f è moun konvèti, men se pito pisans Sentespri a ki konvenk yo. Jn.16:7-8

Pou fini
Louvri bouch ou sèlman e Sentespri ap ranpli ou ak pawòl dife pou chanje kè yo pou mennen yo bay papa Bondye. Sòm.81:11

Kesyon
1. Jwenn ki kote zafè plizyè lang la soti ? __ Nan Jerizalèm __ Etazini __ Nan lavil Babèl

2. Jwenn yon bon rezon pou «pale an lang»
   a. Pou fè pale de w
   b. Pou preche Levanjil a moun ki pa kwè yo nan lang manman yo.
   c. Pou preche kretyen yo nan legliz la
   d. Pou mirak kapab fèt nan non Jezi.

3. Jwenn repons ki bon an:
Travay apòt yo se :
   a. Travay Pyè ak Pòl.
   b. Travay Sentespri a pèmèt apòt yo fè
   c. Travay kretyen yo

4. Vrè ou fo:
   a. Si nou pa pale an lang nou pa gen Sentespri. __ V __ F
   b. Nan koumansman, apòt yo te ale preche Levanjil tout kote nan lemonn. __ V __ F
   c. Sentespri a pran pèleren toupatou, li mennen yo Jerizalèm pou resevwa Levanjil. __ V __ F

Leson 3
Sentespri nan lavi Kretyen an

Tèks pou prepare leson an: sòm.66:18; Jn.16:13; Travay.1:8; 2:16-39; 19:2; Gal. 3:3-14; Ef.5:18

Tèks pou li nan klas la: Wo.8:5-15

Vèsè pou resite: Si nap viv daprè egzijans kò a, na mouri. Men, si okontrè, pa pouvwa Lespri Bondye nap swiv la, nou fè egzijans kò a mouri, nap viv. **Wo.8:13**

Bi leson an : Montre kondisyon kretyen yo ke Lespri ap kondwi a.

I. **Don Sentespri a, se eritaj tout kretyen yo.**
  1. Pwofèt Joèl te anonse sa: «Men sak pral rive nan dènye tan an: Se Bondye menm kap pale: Map vide Lespri m' sou tout moun sou latè. Pitit gason nou ak pitit fi nou yo va pale tankou pwofèt. Jenn gason nou yo va gen vizyon. Granmoun nou yo va fè rèv. Wi, lè sa a, map vide Lespri m' sou tout sèvitè m' yo, fi kou gason, epi ya bay mesaj ki soti nan Bondye. Travay.2:17-18
  2. Pyè te konfime sa lè li di: «Tounen vin jwenn Bondye, epi yonn apre lòt vin resevwa batèm nan non Jezikri, pou Bondye padonnen tout peche nou yo. Aprè sa, na resevwa Sentespri, kado Bondye a.» Travay.2:38.
  3. Li manifeste depi jou Pannkòt la. Travay.2: 1-4

II. **Don Sentespri a, se yon nesesite pou tout kretyen yo.**
  1. Se pwofesè nou pou kondwi nou nan la verite. Jn.16:13
  2. Se konsolatè nou pou kontinye ak zèv Jezikri yo.
  3. Se entèprèt nou devan Bondye lè nap priye. Wo.8:26
  4. Li dirije nou e li enspire nou. 2Pyè.1: 21

III. **Don Sentespri se reskonsablite tout kretyen yo pou genyen li.**
  1. Pa gen kesyon si w vle, se yon obligasyon. Men sa Pòl di: «Pa soule tèt nou ak diven, sa ka mennen nou nan debòch. Okontrè, plen kè nou ak Sentespri. Ef.5:18

2. Si yon kawoutchou nan machinn ou manke van, pasaje ki avèk ou yo pran gwo chans. Devan zye Bondye, yon kretyen ki pa ranpli ak Sentespri se menm ak yon moun ki pa konvèti kap bwè wiski li. Li mete lavi li ak vi tout moun ki avèl yo an danje.

IV. Sa ki anpeche fòs Sentespri.
1. Yon vi chanèl: zèv lachè yo anpil : Se fasil pou nou wè ki egzijans kò a fè moun: se imoralite, malpwòpte ak vis. Se sèvi zidòl, se fè majik, se yonn fè lòt lènmi, se fè kont, fè jalouzi, fè kòlè, se yonn pa vle wè lòt, se fè ti pil gwo pil. Ga.5:19-20
2. Endiferans nou devan Gran Komisyon sa. Nou refize fè jèn ak priyè pou nou ka jwenn pisans pou kapab evanjelize. Travay.1:8
3. Rankin oubyen lè nou refize padone. Mt.6:15
4. Medizans oubyen destriksyon temwayaj yon frè'w lè wap denonse erè li.
5. Salmis la pral di : «Si mwen te gen move lide nan tèt mwen, Seyè a pa ta koute sa m' tap di l' la..» Sòm.66:18

V. Rezilta nap tann de yon vi ki ranpli ak Sentespri.
1. Li bay bagay èspirityèl yo plis enpòtans. Ga.1:16-17
2. Li gen anpil krent pou Bondye. Pwo.1: 7
3. Li obeyi a vwa Sentespri a.
4. Li sanble ak Jezi nan jan li aji. Ga.1:16
5. Li gen otorite Bondye pou fè bagay ekstraòdinè. Mk.16:17-18

Pou fini
Egzaminen tèt ou pou konnen si tout bon nou gen Sentespri.

Kesyon
1. Jwenn bon repons la:
    a. Nan dènye tan, Bondye pral lage Lespri li sou__ Cheval yo ak bèf yo __ Sou pwotestan yo __Sou tout moun __ Sou sèvitè li yo ak sèvant li yo
    b. Pou inogire legliz la, Jezi voye Sentespri
        __ 24 Desanm_ 4 Jiyè _ nan jou Pannkòt la
2. Jwenn non ki mache ak Sentespri ___ konsolatè __ konjelatè __ Entèprèt-___gid

3. Jwenn bon repons la
    Pou ka ranpli ak Sentespri, moun ki kwè a dwe viv nan bagay sa yo:
    __ Lapriyè _ fònikasyon _ idolatri __ jèn _maji__ dwòg

4. Di sa ki anpeche fòs Sentespri a
    ___ Rankin __medizans __ bonte __ lajwa
    __ Endiferans a Gran Komisyon an

5. Di ki atitid yon moun ki ranpli ak Sentespri genyen :
    __ Li mal elve __ li dou __ li awogan __ li senp ___ li bay bagay èspirityèl plis enpòtans.

Leson 4
Kèk egzanp moun ki kondwi pa Sentespri

Tèks pou prepare leson an: Det. 18:22; 2 Istwa 36:22; Eza.6:1; 44:28; 56:1-2; Eze. 17:1-11; Dan.3: 4; Jer.23:32; Amòs.3:7; Mak.16:17-18; Travay.8:29-39

Tèks pou li nan klas la: 2Pyè.1:19-21

Vèsè pou resite: Paske, pwofèt yo pat janm bay mesaj paske yo menm yo te vle. Okontrè, se Sentespri ki te pouse yo lè yo tap bay mesaj ki soti nan Bondye. **2Pyè.1:21**

Mwayen pou fè leson an: Diskou, konparezon, kesyon

Bi leson an: Montre jan Sentespri ap patisipe nan zèv nou yo.

Pou koumanse
Ou ta pral kwè ke se sèvitè Bondye yo ki fòje pawòl la? Se pa vre. M vle ou konn sa byen, se Sentespri ki te pouse yo bay mesaj ki soti nan Bondye. E pou prèv nou genyen:

I.   **Kèk egzanp pwofèt ki kondwi pa Sentespri.**
   1. **Sentespri te enspire pwofèt yo ki pral di:**
      a. *Men sa Senyè a di.* Eza.56:1.
      b. *Ou menm syèl, koute! … Paske mwen Senyè a pral pale!* Eza.1:2
      c. *Senyè a pale avè m ankò, li dim konsa…* Eze.17:1,11
   2. **Li fè yo konnen sekrè yo ki kache.**
      a. Konsa tou, ou mèt sèten, Senyè a pap janm fè anyen san li pa fè pwofèt yo, moun kap sèvi li yo, konnen. Amòs.3:7
      b. Ezayi pral di: «Lespri Bondye, Seyè a desann sou mwen. Paske li chwazi m, li voye m anonse bòn nouvèl la bay moun ki nan lapenn yo». Eza.61:1
      c. Tande byen sa map di : Mwen pral regle ak pwofèt sa yo kap rakonte rèv ki plen manti. Jer.23:32
      d. Ou konprann poukisa Moyiz te fè pèp Izrayèl la pran prekosyon ak pawòl fo pwofèt sa yo. Det.18:22

II. Kèk egzanp wa ki kondwi pa Sentespri
1. Li te reveye lespri wa payen yo pou yon rezon.
   a. Li te reveye lespri Siris, wa peyi Pès la pou te fè volonte'l an favè pèp Izrayèl la. Li te rele'l «sèvitè mwen» 2Istwa.36:22; Eza. 44:28
   b. Li te enspire wa Nebikadneza pou'l te pase lòd pou tout pèp te adore Bondye pèp Izrayèl la. Da.3:28-29

III. Kèk egzanp kretyen ki kondwi pa Sentespri.
1. Yo chase move lespri. Mak.16:17-18
2. Yo geri malad yo. Mak.16:17-18
3. Yo fè mirak. Mak.16:17-18
4. Yo preche pawòl la. Travay.8: 29-35-39

Pou fini
Se konsa Sentespri ka itilize moun li vle, èske wap koute vwa li? Èske wap kite l gide w, ou byen wap koute sa lide w di w, ou byen sa moun di w? Li pa janm twò ta pou ou soumèt ou a Bondye ki konnen tout bagay la. Lap avantaj ou. Vini.

Kesyon

1. Jwenn repons ki bon an:
   Pou ou kondwi pa Lespri
   a.   Fòk ou gen yon GPS (Aparèy navigasyon inivèsèl)
   b.   Fòk ou se pitit Bondye.
   c.   Fòk ou se yon pwofèt

2. Si wap pwofetize sa ou vle, ou se
   a.   Yon pwofèt nasyonal
   b.   Yon fo pwofèt
   c.   Yon jounalis

3. Wa Siris se sèvitè Bondye,
   a.   Li te sove akòz bon bagay li te fè
   b.   E poutan li pa sove.
   c.   Si li pa sove, Bondye se yon mechan.

4. Lè nou kondwi pa Sentespri
   a.   Nou gen anpil fòs
   b.   Nou gen lajan
   c.   Nou obeyi vwa Sentespri

Leson 5
Lespri konvenk ou de peche

Tèks pou prepare leson an: Egz.3: 2:4; 4:1-7, 20; 6:20; Jan.15:5; 16:8; Travay.7:22;

Tèks pou li nan klas la: Egz.3:1-6

Vèsè pou resite: Lè sa a li dim : Men mesaj Seyè a voye pou Zowobabèl : Se pa avèk vanyan sòlda ou yo, ni avèk pwòp kouraj ou ou pral rive nan sa ou gen pou fè a. Men se va avèk pouvwa lespri map ba ou a. Se Seyè ki gen tout pouvwa a menm ki di sa. **Za.4:6**

Mwayen pou fè leson an: Diskou, konparezon epi kesyon.

Bi leson an: Montre kouman Bondye ka fòse nou repanti.

Pou koumanse
Depi jou premye paran nou yo te dezobeyi a, lespri tap travay pou fè lòm retounen vin jwenn Bondye. Lide sa byen eksplike nan chapit sa yo ki pral pale de konvèsyon Moyiz la.

I. **Edikasyon li**
1. Li te grandi ak tout konesans moun peyi Lejip yo sou li, sa vle di li te fò anpil nan matematik, nan literati e sitou nan majik. Travay.7:22
2. Konsa Moyiz te kwè nan fòs ponyèt li ak nan fòs majik li pou pran desizyon li yo.
3. Li te leve nan men rèn **Hatshepsout**, madanm Farawon **Thoutmès** II. Li te kwè li pat manke privilèj epi tou li te genyen pouvwa sou tout bagay e menm sou ejipsyen yo. Se la li te fè erè. Edikasyon sa a te mennen'l a fè yon krim ki te fèl kouri kite peyi Lejip.

II. **Konvèsyon li**
Sentespri konvenk li de peche.
Egz.4:6 Jan.16:8
1. Moyiz ki te gwo chef, kounyea men li ak yon ti fwèt nan men li , lap gade mouton pou bòpè li nan dezè Sinayi a. Lap egzanminen chak jou sou ki jan li pral vanje l de Farawon

epi lap kalkile pou wè ki jan pèp li a va libere. Men li manke yon pouvwa ke zidòl peyi Lejip yo pa genyen. Se te la Letènèl tap tann li.

2. Dife Sentespri a te pran'l nan refleksyon li yo. Egz 3:2

3. **Li te pwoche pou'l wè. « Pwoche kot Bondye» sa vle di « repantans ak konvèsyon li.** Egz.3:3 Men li kap gade, li wè yon touf bwa tou wouj ak dife, men li pat boule. Lè sa a Bondye pale ak li. Egz.3:4 Se nan moman sa a Moyiz te dakò pou imilye li devan Bondye e retire sapat nan pye'l. Egz.3:5

4. Sentespri a konvenk li ke li enkapab. «San mwen, ou pa ka fè anyen.» Egz.4:2-3; Jan.15:5

5. Sentespri a konvenk li de feblès li. Bondye chanje ni gwosè ni fonksyon baton an ki te nan men l nan. Aprè sa, li frape Moyiz ak lalèp pou montre li se yon pechè pèdi ke li ye ; li dwe repanti. Egz.4:6-7

6. Aprè Moyiz te fin reziste a Bondye avèk sèt ekskiz (Egz.3:11; 4: 1, 10,13; 5:22-23; 6:12, 30), li te santi li dezame devan otorite Bondye. Finalman, li soumèt li san kondisyon. Li aksepte ke otorite Bondye manifeste sou li e depi lè sa a, li kite tout byen li yo, pouvwa li, travay gadò mouton an. Baton li a chanje non depi Bondye te touche l la. Li rele l « baton Bondye».Egz.4:20

Remak:

1. Sentespri a jije tout santiman ak lide ki nan kè moun. Ebre 4 :12

2. Wap toujou kwè ou gen rezon ; men lè Sentespri touche konsyans ou, wap chanje lide.

3. Pèsonn paka bay li manti e ni kenbe tèt avè l. Travay.5:4 Limyè Sentespri a te frape Moyiz pou li te ka fè'l repanti. Li te vire pou'l wè. Egz.3:4 Pèsonn paka opoze'l a Bondye, a bonte li, a fidelite li pou w ta genyen syèl la. Sali nou pa depann de zèv ni de jistis ke nou fè, men li depan de san presye Jezikri. Se pa la gras ke nou jwenn Sali nou. E se la ke Sentespri mennen nou nan tout verite a.

Pou fini

Moyiz te vire pou'l wè. Eske ou prèt pou ou vire do bay lavi ou tap mennen an pou ou kite dife Sentespri a boule konsyans ou ?

Kesyon

1. Jwenn bon repons lan:
    a. Moyiz te grandi nan men __ Jozèf __ Hatshepsout
    b. Moyiz te __ yon gran oratè __ yon gran majisyen
    c. __ Yon moun Bondye.

2. Cheke repons ki bon an.
    a. Moyiz te tiye yon Farawon epi li kouri kite peyi Lejip.
    b. Moyiz te tiye yon ejipsyen epi li kouri kite peyi Lejip.
    c. Moyiz pat kouri kite peyi Lejip.

3. Ki pi gran eksperyans Moyiz te fè nan dezè a ?
    a. Li te wè kè koulèv.
    b. Li tap gade mouton pou bòpè li.
    c. Bondye te revele li nan touf bwa.

4. Jwenn yon ekspresyon ki detèmine kijan li te konvèti.
    a. Li te vire pou li te konnen.
    b. Li te vire pou li te wè.
    c. Li te kache pou li pat wè anyen.

5. Chèche nan leson sa senk nan ekskiz Moyiz yo.

6. Jwenn nan leson sa mwayen Bondye te itilize pou konvenk Moyiz.
    Repons: Baton an, lalèp

7. Ki sa lalèp la te reprezante sou Moyiz ?
    Repons : peche.

Leson 6
Jezi nan konba kont dezi lachè

Tèks pou prepare leson an: Mat.4:1-10; 26:26; Jan.4:34; 8:29; 6: 1-15, 33-51; Gal. 5: 16-26
Tèks pou li nan klas la: Mat.4:1-5
Vèsè pou resite: Se poutèt sa, men sa map di nou : Kite lespri Bondye dirije lavi nou. Pa obeyi egzijans kò a. **Gal.5:16**
Mwayen pou fè leson an: Diskou, konparezon, kesyon
Bi leson an: Prezante Jezikri kòm chanpyon sou demon lachè

Pou koumanse
Aprè li te fin batize, Lespri Bondye a te mennen Jezi nan dezè a pou Satan te ka tante l. Sa se yon gwo koze: «*Mennen… pou li tante*». Jezi ta pral sibi twa egzamen. Si li echwe menm jan avèk Adan, misyon li an pap ka akonpli e nou menm nou tap pèdi pou lavi.

I.   **Premye egzamen. Mat.4:3**
     Pou l te pwouve ke li se pitit Bondye, Djab la mande li pou li te fè wòch tounen pen. Mt.4:3.
     Se te yon tès pou wè si Jezi te gen mètriz.
     1.   Satan konnen byen aprè karant jou san manje, Jezi te dwe grangou. Li tap gen tout rezon pou li te anvi manje yon bagay.
     2.   Jezi te refize «swadizan bon konsèy Satan». Se pa te Satan ki te pou bay li lòd pou di l sa pou'l te fè. Epitou, pèsonn pa janm mande Satan pou'l pwouve ke li se pitit Lisifè. Se pa Jezi ki te dwe pwouve Satan ke li se pitit Bondye. Li di : « Moun ki voye m lan la avèk mwen. Li pa kitem pou kont mwen, paske mwen toujou fè sak fè'l plezi. Jan.8:29 Satan pat obeyi Bondye nan syèl la, ki dwa li genyen pou l vini sou tè a pou l pase pitit Bondye lòd ? Mat.4:3
     3.   Si Jezi te aksepte fè wòch yo tounen pen, li tap obeyi Dyab la. Nan moman sa, sa li tap fè a, pa tap yon mirak, men yon espektak. Jezi pat yon aktè pou fè cho pou fè moun wè, men yon sovè.

4. Pa mande m poukisa Jezi pa janm bay moun yo yon pen chèch. Pen ak diven, Pen ak pwason. Imagine ou menm ki nan yon dezè ou gen sèlman yon ti pen pou w manje san anyen pou w bwè. Ou mèt tou di ou goute lanfè.

II. Kouman Jezi trete pen yo.

1. Li miltipliye pen yo a pati de ti kantite pen li genyen. Epitou, si tout wòch yo te pen, bòs mason yo patap kapab konstwi e tout boulanje yo tap fèmen. Li pat fè travay yon majisyen, men pito travay yon Bondye ki responsab. **Jezi donte la chè.**

2. Li pa janm fè yon mirak pou satisfè pwòp tèt pa li, men pou fè papa' l ki voye l la plezi ; Pou fè pase yon leson. Jan.4:34
   a. Aprè li te fin miltipliye pen yo, li tap di moun ki te la yo : Mwen se pen ki bay lavi a, pen ki desann soti nan syèl la. Moun ki manje kò mwen e bwè san mwen, lap gen lavi ki pap janm fini an. Jan.6:48, 54
   b. Pou yo te felisite'l, foul la te vle mete 'l wa. Olye pou l te asiste eleksyon yo, li monte sou yon mòn pou l'al lapriyè. Jan.6:15
   c. Finalman, anvan li te kite monn sa pou li te ale nan yon lòt, li pran yon pen, li koupe l, epi li bay disip li yo, li di yo: «Sa se kò mwen ki kraze pou nou» Mat.26:26

3. Jodya, pen sa senbolize legliz ki se kò Jezikri e diven an, se san Jezikri ki te koule pou Sali nou. Efez.5:23 Jezi ap tann sakrifis nou pou Sali monn lan.
   a. Men kouman Jezi bay nou sekrè laviktwa sou batay kont dezi lachè.
   b. Apòt Pòl egzòte nou pou nou pa chèche bagay ki pou fè tèt nou plezi, men pito sa ki pou edifye nanm nou. Li egzòte nou a jete tout dezi lachè kap goumen ak nanm nou. Wom.14:19. Konsa prejije pou koulè nou, bote nou, gwosè nou, bèl machin nou yo ak gran konesans nou, tout sa yo pa rann Bondye okenn sèvis. Sa yo se wòch ki pap janm tounen pen pou bay nanm ki fatige e chaje yo manje.

Pou fini
An nou mande Bondye pou'l ban nou metriz devan tantasyon yo lè Satan vle jwi de feblès nou yo pou'l mennen nou nan erè.

Kesyon

1. Koche repons ki bon an
   a. Jezi te kondwi nan dezè a pa _ Satan _ Lespri.
   b. Jezi te tante pa __ lespri __ Satan
   c. Jezi fè tout bagay pou fè plezi__a tèt li __ a Bondye
   d. Nan dezè a, Jezi te bezwen __ pen __ lonbray __ dlo

2. Ranpli espas vid sa yo.
   a. Jezi di: « mwen se __ ki bay lavi a ; moun ki manje __ e ki bwè __ lap gen __ ki pap janm fini an»
   b. Sa se ___ ki te kraze pou nou.
   c. Moun ki voye m nan l'avèk ___. Li pa kitem pou kont mwen, paske mwen toujou fè sak fè'l__.

Leson 7
Jezi nan konba kont lespri vanite

Tèks pou prepare leson an: Sòm.91:11-12; Mat.4:1-10; 27:4; Lik.4:29; 11:27; 1Jan.5:19; Rev.7:14
Tèks pou li nan klas la: Mat.4:5-7
Vèsè pou resite: Fè atansyon lè nap fè devwa nou pou Bondye pou nou pa fè'l yon jan pou fè moun wè. Lè nou fè'l konsa, papa nou ki nan syèl la pap bay nou okenn rekonpans. **Mat.6:1**
Mwayen pou fè leson an: Diskou, konparezon, kesyon
Bi leson an: Prezante Jezi tankou chanpyon sou demon laglwa.

Pou koumanse
Nan premye egzamen an, Jezi te reyisi san pou san. Boulanje yo ak bòs mason yo pap gen okenn rezon pou yo plenyen ni enkyete yo. Wòch yo ap rete wòch pou antre nan mòtye, e farin ap toujou sèvi pou fè pen. Kounyea, Satan vini avèk yon lòt tès. **Li pral wè si Jezi gen imilite.**
Dezyèm egzamen. Si ou se pitit Bondye, monte sou pwent fetay tanp Jerizalèm nan, epi, lage tèt ou anba. Paske men sa ki ekri nan Bib la: « Bondye va bay zanj li yo lòd pou yo veye sou ou. Ya pote ou nan men yo, pou ou pa kase pye ou sou okenn wòch.» sòm.91:12

I. **Bi Satan**
    1. Satan te vle fè Jezi aji avèk vanite menm jan avèk yon majisyen. Monte sou fetay tanp lan, lage kò ou anba ! Eske sa se fason ki pi bon pou pwouve ke li pitit Bondye ? Satan site yon vèsè nan Bib la pou ankouraje li fè sa.
    2. Li vle pa nenpòt ki mwayen pou Jezi obeyi li, menm si se nan yon sèl bagay.
    3. Si li reyisi, li ka domine tout bagay, paske lemonn antye anba pouvwa malen an.1Jan.5:19 Misyon Jezi a tap tonbe epi nou menm nou tap peri pou toutan.

II. **Jezi Replike rapidman**
Paske Satan te itilize Bib la pou te fè'l tonbe, Jezi te sèvi avèk Bib la tou pou chase li. «Men sa ki ekri tou: ou pa dwe sonde Senyè a mèt la, Bondye w.» Mat.4: 7
Yon sèl kou, Jezi te raple'l,

a. Ke li se Senyè li e Bondye li an menm tan, e ke li plen pouvwa pou chase'l.

b. Ke li pa gen dwa pran okenn tèks nan Bib la, pou l retire l nan kontèks li pou li fe'l tounen yon pretèks. Vèsè Satan te resite a , nou jwen li nan Sòm 91 vèsè 11 ak12. Satan konnen Sòm 91 men li pa vle obeyi a Bondye nan Sòm 91 lan.

III. **Jezi replike l ankò pandan ministè li**
Nou pral wè plisyè fwa, moun ki vin flate li:

1. Yon jou, Nikodèm pral vini an kachèt pou bay li yon diplòm **de doctorat honoris causa**[1] pou mirak li tap fè yo. Li pat menm okipe'l. Men li bay avoka sa a yon gwo mesaj ki te fè l konvèti. Jan.3:3

2. Yon dam tap glorifye'l ak pawòl sa yo: « Fanm ki te pote w nan vant li epi ki te ba w tete a, se yon fanm Bondye beni. » Li reponn li byen rapid: «Moun ki koute pawòl Bondye epi ki mete'l an pratik, se yo menm Bondye beni. » Lik.11:27, 28

3. Yon jou aprè li te fin bay yon mesaj nan sinagòg Nazarèt la, yo te fè lide voye'l jete anba, pandan'l te sou mòn nan. Finalman sou lakwa, Satan antre nan tèt move lawon an pou mande Jezi desann kwa a. Jezi pat manke okipe'l, paske'l te konnen se te bi Satan depi nan fondasyon monn lan, voye jete plan Bondye nan labim san fon an. Mat.27:40; Lik.4:29

IV. Yon leson pou nou aprann:

Se pa nan vante tèt nou la glwa ye, men nan imilite. Jezi te pase tès imilite avèk mansyon **Summa cum laude**[2]. Se poutèt sa Bondye te leve'l mete'l chita kote ki pi wo a. E li te bay li non ki pi gran pase tout lòt non, Wa tout wa yo, Chèf tout chèf yo. Filip.2:9-11; Rev.17:14

Pou fini

Si tout fwa wap aji yon fason pou atire atansyon moun sou ou, m vle w konnen ke ou anba pouvwa malen an. Li pap pran tan pou jete'w nan twou dezèspwa ak pèdisyon. Sonje byen « fè wè pa dire ». Konnen Bib ou byen pou di Satan: Ou pa gen dwa sonde m, mwen menm, pitit Bondye a ?»

Kesyon

1. Koche repons ki bon an
   a. Pou konvenk Jezi, Satan itilize_ yon liv majik _____ yon litiji__ Bib la
   b. Pou domine lemonn antye, Satan dwe domine _ Jeriko __ Jerizalèm __ Jezi
   c. Pou rive jwenn glwa, ou dwe __ pratike majik __ obeyi Satan __ obeyi Bondye

2. Pou dènye tès tantansyon Jezi, Satan antre nan __ Nikodèm __ nan move lawon an _ nan Jida

3. Ranpli espas vid sa yo:
   Se poutèt sa Bondye te _____ mete'l chita kote ki pi wo a. Li bay li yon __ ki pi gran pase tout lòt___ Konsa, tout sa ki nan syèl la, tou sa ki sou tè a ak anba tè a, yo tout va mete _____ atè devan Jezi pa respè pou___ Bondye te ba li a.Tout moun va rekonèt Jezikri se _____ Sa va sèvi yon _____ pou Bondye ___ a.

Leson 8
Jezi nan konba kont lespri gwo tanta

Tèks pou prepare leson an: Mat.4:1-10; Mak.8:35; Lik.4:6-7; 1Jan.2:15-17;

Tèks pou li nan klas la: Mat.4:8-11

Vèsè pou resite: Kisa sa ta sèvi yon moun pou li ta genyen lemonn antye si'l pèdi lavi li? **Mak.8:36**

Mwayen pou fè leson an: Diskou, konparezon, kesyon.

Bi leson an: Prezante Jezikri tankou chanpyon sou demon lògèy.

Pou koumanse
Kounyea, Jezi pral sibi yon twazyèm egzamen. Okenn pwofesè pa la, li pap kapab poze menm yon ti kesyon.

I. **An nou wè ki sa twazyèm egzamen an ye:**
Sijè nap trete a, se «Lògèy lavi». Sa se yon tès sou lanbisyon pèsonèl: Anvi posede sa nou pap menm gentan pou nou jwi, men ke nou vle genyen pou fè pale de nou. Remake sa byen: Lespri chanje de tanzantan sal egzamen yo, men li toujou konsève menm moun nan kap bay egzamen yo; E se pa lòt moun, se toujou menm Satanledjab la.

An nou fè yon ti rezime :
1. **Premye tès**. Jezi te resevwa premye tès li nan dezè Jide ki te plen wòch. Swadi an pasan, se la David te ekri Sòm 23 daprè kèk istoryen jwif. Jezi konnen ke Bondye tap fè'l reprann fòs li, ke lap fè'l mache nan chemen ki dwat la pou sa sèvi yon lwanj pou non li. Konsa li te kouri dèyè Satan ak tout vye lide li a.
2. **Dezyèm tès. Nan lavil Jerizalèm**. Satan te mennen'l sou fetay tanp la, kote ki te pi danjere. Jezi te ka ofri yon espektak ki te ka atire anpil moun vin gade.
3. **Twazyèm tès. Anwo mòn Jeriko**, kapital Satanledjab la. Lè ou la, ou ka gade Aman, Jòdani, Moab, Lanmè Mòt, vale Jouden an, Jide, Samari. Bib la di : Tout wayòm ki gen nan mon saa ak richès yo.

II. **Fòmil pou fè devwa a**:
Mwen kwè m tande Satan ki di: « Ou di ou se pitit Bondye ;
mwen pap diskite sa avè w. Men, mwen vle fè w sonje ke tout
wayòm monn la ak glwa yo se pou mwen. Mwen fè sa mwen
vle ladan n. M ap dakò pou m fè w kado yo a yon sèl kondisyon :
« Si ou mete w ajenou devan m, pou w rekonèt mwen kòm chef
ou ». Ou pa menm bezwen reflechi sou sa. Lik.4:6-7

III. **Sa Satan genyen dèyè tèt li**
1. Fè Jezi konnen ke li pa bezwen redi pou l posede.
2. Fè Jezi konnen ke li lè pou li fè tèt li popilè.
3. Fe Jezi konnen ke pouvwa pou dominen monn sa, se nan
   men l li ye. Si w pa gen Satan avè w, ou pa gen dwa reyisi.
4. Li te vle bay Jezi kapasite pou li devlope yon sistèm
   kapitalis, sa vle di pou li gen tout bagay nan men li pou li
   kapab peze ti nasyon yo ak malere yo.

IV. **Kouman Jezi te rive soti nan zen saa.**
1. Li te chase Satan malonètman devan fas li. Mat. 4:10
2. Li te fè 'l sonje ke li se Bondye li e ke tout zanj yo dwe adore
   li.
3. Se devan li menm sèl tout moun dwe mete ajenou
   a. Depi anwo nan syèl la : zanj, akanj, cheriben, serafen
      Sou la tè a : wa yo, chèf yo, rich yo, pòv yo, gran tankou
      piti, nwa tankou blan, chanpwèl, zobo, makanda,
      lougawou, galipòt boukle. Tout dwe mete chapo ba
      devan l.
   b. Jouk anba tè a : zan y anba dlo, lwa yo, demon yo, Dyab
      yo, tout dwe mete chapo ba devan l.
   c. Tout lang : Tout pèp yo ak tout nasyon yo, dwe konfese
      ak bouch yo ke Jezi se Senyè a, e tout sa va sèvi yon
      lwanj pou papa Bondye. Filip.2:9-11.

V. **Rekòmandasyon pou nou swiv.**
Jezi bay nanm nou plis valè pase tout bagay ki genyen nan monn
lan. Mak.8:35

Apòt Jan ensiste pou di nou: « Pa renmen lemonn, ni anyen ki soti nan lemonn. Si yon moun renmen lemonn, li pa gen renmen pou papa a nan kè li. Bagay ki soti nan lemonn se egzijans lachè, se gwo tanta, se lògèy kap vire tèt moun lè yo gen anpil byen sou latè. Tou sa pa soti nan papa a, se nan lemonn li soti. 1Jan.2:15-17

Pou fini

Sonje sa byen, ke tout planèt la ak tout richès ki ladan'l, pa menm ka peye mwatye nan yon tikè pou mennen ou nan syèl la. Imite Jezi epi di Djab la ak tout fòs kouraj ou: «Wete kò ou sou mwen Satan!»

Kesyon

1. Chèche repons ki bon an:
   a. Si m se mèt yon restoran, mwen kapab manje an menm tan __ de __ dis __ trant __ yon __ repa
   b. Avèk 200 kabann mwen yo, mwen kapab dòmi __ 4 __ 13 __ 200 __ yon __ fwa, a la fwa.
   c. Avèk 200 kostim mwen yo, mwen kapab abiye __10 __ 20 __ 200 __ yon __ fwa, a la fwa.
   d. Pou fòse Jezi adore li, Satan te mete'l __ Jètsemani __ nan peyi Jide __ mòn Jeriko

2. Ranpli espas vid sa yo
   a. Wete kò ou sou ____ paske men sa ki ekri: Se mèt la ____ ou, pou ou adore, se li menm ____ pou ou __
   b. Map bay ou tout bagay sa yo, si ou mete ____ devan'm pou ou __.

Leson 9
Lespri ap kondwi w nan pye verite a

Tèks pou prepare leson an: Jan.16: 13-15; Travay. 8:4-40
Tèks pou li nan klas la: Travay.8:26-35
Vèsè pou resite: Men, li menm, Lespri kap montre verite a, lè la vini, la mennen nou nan tout verite a. **Jan.16: 13**
Mwayen pou fè leson an: Diskou, konparezon, kesyon
Bi leson an: Montre kouman Sentespri a kapab gide e pou nou gide lòt yo nan verite a.

Pou koumanse
Lè Sentespri vle kondwi nou, nenpòt jan sa ye, nou pa kapab chape anba enfliyans li. Se sa ki te rive Filip.

I. Sitiyasyon
Filip tap devlope yon lèv nan vil Samari. Anpil moun tap konvèti ak mirak gerizon yo te wè e sitou jan dyak konsakre saa tap bay mesaj ak anpil pisans. Travay.8:5-7
Tout vil la te nan pye li pou koute, menm pi gran majisyen ki te pèdi tout kliyan li yo te deside aksepte JeziKri kòm sovè pèsonèl li. Li te rele Simon. Travay.8: 1-13
Mwen pa bezwen di w ke Filip te bezwen èd. Apòt yo te voye Pyè ak Jan pou ede l preche. Ranfò ke li te jwen nan pèmèt li fè yon gwo revèy èspirityèl. Yon gran foul te resevwa batèm nan non Jezikri. Sentespri a te desann sou kwayan yo ak pisans.
Kouman w kapab imajine nan mitan yon gran revèy, Sentespri te voye Filip nan yon misyon espesyal yon kote espesyal pou rankontre yon sèl nanm? Lespri a voye l evanjelize yon chèf peyi nan peyi Letyopi
Sentespri a te ba li GPS[3] li (**G**wo **P**isans **S**enyè a) e li te kwonometre tout deplasman Filip e deplasman chèf peyi Letyopi a tou, de fason ke yo te kap rankontre nan moman ke

chèf la tap li yon pasaj nan liv pwofèt Ezayi a. Travay.8:30. Filip te rive a tan pou'l te kondwi l nan tout verite a. Lespri te di'l avanse e pwoche bò kote cha a, paske gen yon nanm ki pare pou resevwa Jezikri kòm sovè li. Travay.8:29

II. Sa Sentespri konnen e ke Filip inyore.
1. Filip pat konnen ki moun li te pral rankontre. Li te ofri Levanjil a nonm sa. Se te minis finans, kay larenn Candace, nan peyi Letyopi. Nonm rich sa te chwazi pou l pase pa wout Gaza a paske li pat gen moun ditou kap pase la. Se te yon fason pou li te pwoteje tèt li kont eskamotè yo, soula yo ki te soti nan fèt Penkòt la. Sèlman lè saa Sentespri ap kontwole misye sans li pa konnen. Bondye konn kalkile distans ak sikonstans yo pou mennen nou a la repantans.
2. An nou wè sa ki rive: Minis la te resevwa Jezi e batèm evanjelik. Travay.8:38 E kounyea, gras a konvèsyon nonm sa, Letyopi te resevwa sètènman Levanjil Kris la.
3. Pou edifikasyon ou, peyi Letyopi peple avèk jwif koptik. Yo vini de wa Salomon ak larenn Seba a. Jwif yo pat janm aksèpte yo nan peyi izrayèl tankou yon trèzyèm tribi. Sepandan, chak ane yo monte pou al fè pelerinaj lavil Jerizalèm, sitou lè fèt LaPannkòt. Se byen malere ke legliz kretyen òtodòks nan peyi Lejip te tonbe anba men mawometan yo. Anfen.
4. Kounyea, an nou tounen sou Filip. Yon senp ti neglijans bò kote misyonè nou an te ka lakòz yon delè nan plan Bondye. Men Bondye pa janm anreta.

III. Sa Sentespri konnen epi nou menm nou pa konnen
Tan sèlman nou konn sa byen, nan tout bagay, Bondye ap travay pou byen tout moun ki renmen l, pou byen tout moun li te fè lide rele. Wom.8: 28
1. Nou se senp enstriman nan sèvis revèy yo. Tout glwa yo dwe pou Sentespri a.

2. Ayè, Jan mande Jezi pèmisyon pou fè dife soti nan syèl la tonbe sou samariten yo, pou li te bay yo *père-lebrun*[4]. Li te vle vanje'l de yo paske yo pat vle lwe li yon chanm otèl. Jodia, ak Sentespri nan la vi li, lap mennen bay Kris moun yo li te gen lide detri yo. Lik.9:52-56, Travay.8:14-17

3. Meyè fason pou w ka detwi yon lènmi, se bliye mal li te fè w pou w fè l di byen. Wo.12:21

Pou fini
Piske Jezi vle sove pechè yo, an nou aksèpte pèdi yon ti repa, yon jwèt domino, yon pwogram foutbòl, yon pwogram sou entènèt.An nou koute vwa Sentespri nan mitan tout bwi sa yo epi an nou ale avèk GPS (**G**wo **P**isans **S**enye a) Sentespri a pou nou ale sove yo.

Kesyon
1. Cheke tout sa ki **vre** sou Filip
   a. Li te __ yon pastè __ yon dyak __ yon evanjelis.
   b. Li te preche nan__ Samari __ nan Jerizalèm __ nan yon dezè.
   c. Li te batize__ Eròd __ yon Etiopyen __ Sòl de Tas
   d. Li te genyen a la konvèsyon nanm__ Simon majisyen an __yon mekanisyen

2. Cheke tout sa ki **fo** sou Filip.
   Pou repete sa minis lan te di, Filip te itilize__yon kat jewografik __ yon GPS __ Direksyon Sentespri

3. Cheke bon repons yo.
   Di sa ki **vre** sou Sentespri a. Pou li te sove minis lan
   a. Li depeche Filip nan dezè Gaza a.
   b. Li planifye deplasman Filip avèk minis lan.
   c. Li te bay yon bon cheval avèk yon megafòn.
   d. Li te fèl pale nan lòt lang.

Leson 10
Privilèj yon kwayan lè li kondwi pa Sentespri

Tèks pou prepare leson an: Joèl.2:28; Sòm.91:1; Lik.10:19; Mak.16, 17; Travay.2:16-18; Gal.5:16-24;
Tèks pou li nan klas la: Wom.8: 8-14
Vèsè pou resite: Paske, tout moun Lespri Bondye a ap dirije, se pitit Bondye yo ye. **Wom.8:14**
Mwayen pou fè leson an: Diskou, konparezon, kesyon
Bi leson an: Prezante avantaj ki genyen lè yon kretyen kondwi pa Sentespri.

Pou koumanse
Nan Ansyen Testaman an, Lespri te delege a yon moun ke Bondye te chwazi pou ranpli yon misyon espesyal. Li te avèti sa nan liv pwofèt Joèl. Li te di ke nan dènye tan yo, lap voye lespri sou tout moun ; pitit gason ak pitit fi nou yo va bay mesaj ke ma bay yo, granmoun nou yo va fè rèv ; pou byen di sou sèvitè ak sèvant li yo. Jèn moun nou yo va gen vizyon. Pwofesi saa te akonpli nan premye syèk apostolik la. Jowèl. 2:28; Travay.2:16-18

Nou pral wè jodia privilèj kretyen yo.
1. **Yo devlope fwi lespri,** Sa vle di lanmou, kè kontan, kè poze, pasyans, bon kè, seryozite, fidelite, dousè, tanperans. Gal.5:22
    a. **Yo egzèse don yo gras a Sentespri a.** Se sa ki fè, Lespri bay yonn yon pawòl sajès; Li bay yon lòt yon pawòl konesans.
    b. Li bay yon lòt lafwa.
    c. Li bay yon lòt don pou l fè gerizon
    d. Li bay yon lòt, don pou'l fè mirak; yon lòt gen don pwofesi; yon lòt gen don pou chase move zespri; yon lòt gen don pou pale plizyè langaj; e yon lòt gen don pou eksplike sa langaj sa yo vle di.
    e. Men se yon sèl lespri a ki fè tout bagay sa yo; li bay chak moun yon kado diferan jan li vle.

Konsa kò a se yon sèl, men li gen plizyè manb, e tout manb sa yo, malgre yo anpil, yo pa fòme plis ke yon sèl kò, se menm jan pou Kris la. **1Kor.12:4-11**

2. **Yo pale nouvèl lang**: Langaj lanmou, lapè, padon ak rekonsilyasyon ki pa te menm jan sou la lwa talion[5] yo, « je pou je e dan pou dan.» Mak.16:17

3. **Yo metrize demon lachè.** Tout moun ki pou Jezi yo fè kò a mouri ak tout lachè li yo, ak tout pasyon li yo, ak tout vye dezi li yo. Gal.5:24

4. **Bondye rann yo envizib nan je lenmi yo.** Moun ki chèche pwoteksyon bò kote Bondye ki anwo nan syèl la, moun ki rete kache anba zèl Bondye ki gen tout pouvwa a ka di Senyè: "se ou ki tout defans mwen". Sòm.91:1

5. **Yo domine fòs sinatirèl yo.** Wi, mwen ban **nou** pouvwa pou n mache sou sèpan ak eskòpyon, pou nou kraze tout pouvwa Satan anba pye nou; anyen pa kapab fè nou mal. Lik.10:19 Olye pou yo krent demon yo, yo chase yo nan non Jezi ki gen tout pouvwa a. Mak.16:17

6. **Yo antre nan fondè Bondye.** Yo konnen gwo sekrè nan Bondye. Kòm li ekri nan liv la, se bagay pèsonn pat janm wè, ni yo pat janm tande, bagay okenn moun pat janm panse, se sa Bondye te pare pou moun ki renmen li yo. Li devwale nou bagay sa yo pa mwayen Sentespri. Paske lespri Bondye a konnen tout bagay ki nan Bondye. Nou pa genyen lespri pou nou aji dapre lide nou, men lespri nou resevwa a, se lespri Bondye te voye ban nou an pou n te ka konnen favè Bondye fè nou. 1Kor.2:9-12

7. **Syèl la ap tann yo.** Bondye kapab fini misyon yo nan yon tan pou li di "Senyè, resevwa lespri mwen". Nan aewopò etènite a Jezi ap tann yo pou di yo: "Vini non, nou menm ki resevwa benediksyon papa m." Jan.19:30; Mat.25:34. Konbyen bèl privilèj nap genyen ke latè pa kapab bay!

Pou fini:
Marchons avec joie dans le bon chemin,
Dans l'étroite voie du bonheur sans fin.
Laissons en arrière les biens d'ici-bas.
Prions notre Père de guider nos pas
Comptant sur sa grâce, remplis de sa paix,
Que rien n'embarrasse nos pas désormais.

Kesyon
1. Twouve repons ki sanble a:
   a. Nan dènye tan yo, Bondye pral voye lespri l sou tou chè __ bèf yo__ bourik yo__ relijye yo__ sèvitè Bondye yo.
   b. Fwi lespri yo se__ kè kontan __ pale lòt lang__ lanmou __ yon pòm woz
   c. Pou ou ka ranpli ak Sentespri fò ou__ jèn__ abiy tou de blan __ kondwi pa Lespri
   d. Pou ou kapab sove, fò ou__fè mirak ____fò ou ka kriye «Senyè, Senyè __ Fè volonte Bondye.

2. Vrè oubyen fo
   a. Kretyen yo resevwa don pou sèvi Bondye __ V __ F
   b. Kretyen yo byen pwoteje pa Bondye
      __ V __ F

Leson 11
Ki jan rekonèt kwayan an ki kondwi pa Sentespri

Tèks pou prepare leson an: Egz.14:13-14; Det. 16:16; 18:22; 1Kwo.16:29; Sòm.37:5; Amòs.3:7, Lik.17:10; Jan.3: 8; Wom.16:17; 1Kor.12:10; Gal.6:1; 1Pyè.2:18-19
Tèks pou li nan klas la: 1Ko.12:4-11
Vèsè pou resite: Lespri Bondye a bay lespri pa nou an lasirans se pitit Bondye nou ye. **Wom.8:16**
Mwayen pou fè leson an: Diskou, konparezon, kesyon
Bi leson an: Montre mak sitwayènte kretyèn kwayan ki kondwi pa Lespri a genyen.

Pou koumanse
Nou raple nou byen ke kretyen an make ak so Lesprisen an, konsa li pa bezwen idantifye'l ni devan Satan ni devan lòt moun. Men kouman nou ka detekte so sa? Nou pral wè sèt mak yon kretyen genyen.

1. **Kretyen an gen lespri disèneman.**
   Li ka detekte bon ak move lespri. Bondye pa lage'l nan men lènmi li yo. Li gen yon bon jijman paske li enspire pa Bondye. 1Kor.12:10
2. **Kretyen an gen Lespri padon ak rekonsilyasyon.**
   Li pa kenbe pèsonn nan kè. Li renmèt kòz li nan men Seyè a. Li mete konfyans li nan Bondye, paske li konnen Bondye ap ede l. Sòm.37:5 Konsa, lè w twonpe yon kretyen, ou twonpe pwòp tèt pa w, paske moun kap veye sou pèp Izrayèl la pap kabicha, li pap dòmi. Lè w vle vanje w de li, wap pèdi tan w, paske Bondye di:« Seyè a ap goumen pou nou, nou menm gade san fwa nou.» Egz.14:14; Sòm.121: 4
3. **Kretyen an gen lespri linyon ak kominyon fratènèl.**
   Li pa fè anyen ak patipri oubyen pou glwa tèt li. Li pa manifeste okenn tandans diskriminasyon pou etranje yo. Li renmen paske lanmou soti nan Bondye. Li pap janm mele ak fo kretyen yo pou

divize yon legliz paske li pap pran chans jwe avèk Sali li ni Sali lòt moun. Li pa janm bouke adore Bondye. Wom.16:17; Jid 1:19

4. **Kretyen an gen lespri pwofesi.**
Mesaj lap ba w, a soti nan Lespri. Se sèl Sentespri ki konnen nan ki fondè lap touche w. Bondye kapab bay li yon mesaj nan yon vizyon, nan Bib la, nan eksperyans pèsonèl li pou edifye nanm ou. Wa konnen li pa soti nan Bondye si bagay la pa rive vre. Det.18:22; Amòs.3:7 Jan.3:8

5. **Li di w laverite san li pa kenbe ou nan kè ni blese w.**
Li ka konprann ke Satan antre nan tèt ou nan yon moman pou mennen w nan erè, men li pap pwofite de sa pou aplodi viktwa Dyab la sou ou, paske chit ou a pap rann li okenn sèvis. Gal. 6:1

6. **Kretyen an genyen yon lespri sèvis ak sakrifis**
Li toujou ap travay nan enterè Bondye paske li konnen ke li se yon sèvitè ki pa itil anyen epi ki pap janm ka remèt Bondye sa Bondye fè pou li. Li obeyi a moun ki pi wo pase l yo se pa paske li fèb, ni li lach, men pa respè pou pwensip ak disiplin. Lik.17:10; 1Pyè.2:18-19

7. **Kretyen an kontribye avèk yon lespri adorasyon.**
Li konnen li pa diy pou sèvi yon Bondye ki bay tout bagay. Lè lap vin adore Senyè a, li pa vini de men vid, men li pote kichòy daprè benediksyon Seyè a ba li. Det.16:16; 1Kwo.16:29.

Pou fini

Si li pa konsa lakay ou, fè yon egzamen de vi espirityèl ou. Gade si ou pa genyen lide adiltè, yonn fè lòt lenmi, fè kont, divizyon, santiman kòlè, jalouzi, yonn pa vle wè lòt, fè ti pil gwo pil. Egzaminen konsyans ou. Konfese peche ou yo. Jezi renmen w e lap tann ou.

Kesyon

Vrè ou byen fo
1. Kretyen an konnen tout bagay. __ V __ F
2. Kretyen an kondwi pa Sentespri a __ V __ F
3. Yon kretyen pa dwe ale lekòl. __V __ F.
4. Yon kretyen dwe bliye mal yo fè li. _ V _ F
5. Kretyen an fè tout bagay pou glwa Bondye. __V __ F
6. Kretyen an pa dwe kontribye. __V __ F
7. Fòk ou pòv pou ou yon bon kretyen. __V __F

Leson 12
Disip Emayis yo detwonpe tèt yo.

Tèks pou prepare leson an: Det. 18:15; Ezayi.9:5-6; Ezayi. 53; Mat.28:1-15; Lik. 24:1-48; Jan.20:1-23

Tèks pou li nan klas la: Lik. 24:13-16

Vèsè pou resite: Lè sa a, li louvri lespri yo pou yo te ka konprann tou sa ki te ekri nan Liv yo. **Lik.24: 45**

Mwayen pou fè leson an: diskisyon, kesyon

Bi leson an: Disipe tout dout ki genyen sou pouvwa krisyanism lan.

Pou koumanse

Nou sot ranmase kèk pawòl ki soti nan bouch de (2) nan disip Emayis yo. Yo tap babye sou desepsyon Jezi fè yo, yon Jezi ki te tout lespwa yo. Li mouri. Tout bagay fini. Distans pou yo te rive kote yo taprale a, yon moun vini, li antre nan konvèsasyon an. An nou eseye repwodwi sèn nan pou nou wè ki moun sa.

I. Refleksyon disip Emayis yo
1. Yo tap plede babye sou enfòmasyon Mari Magdala te bay la: Jan.20:18
2. « Jezi pat nan tonbo a. Li te vid. » Men deklarasyon li. Lik.24:3
   a. Mari te premye moun ki te wè Jezi imedyatman li te resisite. Jan.20:17
   b. Li te premye misyonè ki te anonse sa a disip yo. Mak.16:9-10
      Disip Emayis yo pat vle kwè sa yo te tande a. Lik.24:22-24

II. Entèvansyon twazyèm moun nan
1. Se te yon moun ki te vin antre nan konvèsasyon san moun pat envite l. Men, se yon moun, depi non'l site yon kote, Li la. Se te Jezi Nazarèt, nonm Galile a. Mat. 18:20

2. Li tap eksplike yo pawòl la depi sou tan Moyiz rive jouk tan li te resisite pami mò yo. Lik. 24:27 An nou wè kèk deklarasyon ki te kap soti nan mesaj li a:

a. **Sa Moyiz te di sou li**: Seyè a, Bondye nou an, gen pou'l voye yon pwofèt ban nou tankou mwen menm Moyiz. **Pwofèt sa a se mwen menm, Jezi**. Det. 18:15

b. **Sa Ezayi te di sou li**: Ya rele li, bon konseye kap fè bèl bagay la, Bondye ki gen tout pouvwa a, papa ki la pou tan an, Wa ki bay kè poze a. Bondye ki gen tout pouvwa ak tout lòt kalifikatif sa yo, **se mwen menm, Jezi**. Ezayi.9:6

c. Lèzòm te meprize'l e abandone'l, Li sanble ak yon moun yo te vire do bay li, Nou pat menm gade'l, nou pa te pran ka li. Men se soufrans nou ta gen pou n soufri a, se doulè nou ta gen pou nou santi nan kò pa nou, li te pran sou do'l; Nou menm menm, nou te konprann se pini Bondye tap pini'l. Nou te konprann se frape Bondye tap frape'l, se kraze Bondye tap kraze'l anba men'l. Men se pou peche nou kifè yo te mete san'l deyò konsa. Se akòz mechanste nou kifè yo te kraze'l anba kou konsa. Chatiman ki te pou tonbe sou nou an, se sou li li tonbe. Se konsa li ban nou kè poze. Avèk tout kou li te resevwa yo li ban nou gerizon. **Mesi ki tap soufri a se mwen menm, Jezi**. Ezayi 53:3-5

d. **Sa David te di sou li**: «Tankou yon bann chen, mechan yo sènen m. Bann mechan yo fèmen m toupatou, yo kraze de menm ak de pye m yo. Tout zo nan kò m parèt. Yap gade m, yap veye m.» Ps.22:17 **Moun kite kondane, akize a se mwen menm, Jezi, pitit Bondye ki te vini pou wete peche tout moun.** Jan.1: 29
Paske ou pap kitem kote mò yo ye a, ou pap pèmèt moun kap sèvi ou la pouri anba tè.» Sòm.16:10 **Mò resisite sa ki pat pouri ni dekonpoze anba tè a, se moun kap pale avèk nou an, se mwen menm Jezi, Mèsi glorifye a.**

III. **Disip yo konvèti.**
1. Diskisyon yo sou Jezi pap kapab louvri je yo. Lik.24:15-16
2. Konesans Biblik yo te resevwa nan bouch Jezi a tap boule kè yo, men sa tap sifi pou te fè yo konvèti. Li te louvri je yo sou entelijans yo, men pa kè yo. Lik.24:32
3. Konvèsyon sa a te sèlman posib lè Jezi te *louvri lespri yo.* Lik.24:45
IV. **Prèv konvèsasyon an**
1. Yo te ofri Jezi pou yo te resevwa li. Lik.24:29
2. Yo tap manje avèk Jezi. Lik.24:30
3. Yo te fè tèt yo mesaje pou pote pawòl la. Malgre lannwit te gentan rive e yo te fatige pou jounen an, yo te ale nan lavil Jerizalèm pou temwaye a disip yo rankont yo avèk Jezi. Tout yon lannwit yap mache pou soti Emayis ale Jerizalèm, soti Jerizalem tounen Emayis san yo pat plenyen. Emayis te a yon distans de yon kilomèt de Jerizalèm. Sa yo te viv nan nwit sa te twòp pou yo. Lik.24:33
Konsa puiske yo te gen prèv ki te konvenk yo, anyen pa kapab detounen lafwa yo ankò nan Levanjil.

Pou fini: E ou menm zanmi mwen, ki jan ou pran koze saa?

Kesyon

1. Ekri non yonn disip Emayis pandan ke wap li Lik 24: 18

2. Bay non premye fanm misyonè a daprè leson an.

3. Chwazi pami non sa yo, ki lès Jezi te genyen:
   _ Dye Pisan _ Politisyen _ Pwofèt _ Wa _ Demagòg

4. De ki moun salmis la tap pale, lè li te di: « Yon bann chen, mechan yo sènen m »?
   _ Yon bann madigra_ Yon bann rara__ Sòlda women yo

5. Jwenn sa ki eksplike bon entansyon disip Emayis yo anvè Jezi:
   a. Yo te louvri yon legliz
   b. Yo te ale denonse Jezi a Pilat.
   c. Yo te ale jwenn disip yo pou fè yo konnen resireksyon an.

6. Jwenn isit la sa ki detèmine konvèsyon yo.
   a. Yo tap fè diskisyon sou Bib la.
   b. Yo tap swiv avèk atansyon mesaj Senyè a
   c. Senyè a te louvri lespri yo pou yo te konprann pawòl la

Lis vèsè pou trimès la

Leson 1   **Sentespri nan gwo opersyon li yo**
Bondye voye Sentespri l' ki devwale sekrè travay sa a ban nou. Lespri Bondye sonde tout bagay, menm sa ki nan fon kè Bondye. **1Ko.2:10**

Leson 2   **Sentespri ap travay nan gran komisyon an**
Men, lè Sentespri a va desann sou nou, na resevwa yon pouvwa. Lè sa a, na sèvi m' temwen nan Jerizalèm, nan tout peyi Jide ak nan tout peyi Samari, jouk nan dènye bout latè. **Travay.1:8**

Leson 3   **Sentespri nan lavi kretyen an**
Si nap viv daprè egzijans kò a, na mouri. Men, si okontrè, pa pouvwa Lespri Bondye nap swiv la, nou fè egzijans kò a mouri, nap viv. **Wo.8:13**

Leson 4   **Kèk moun ki kondwi pa Sentespri**
Paske, pwofèt yo pat janm bay mesaj paske yo menm yo te vle. Okontrè, se Sentespri ki te pouse yo lè yo tap bay mesaj ki soti nan Bondye. **2Pyè.1:21**

Leson 5   **Lespri konvenk ou de peche**
Lè sa a li dim : Men mesaj Seyè a voye pou Zowobabèl : Se pa avèk vanyan sòlda ou yo, ni avèk pwòp kouraj ou ou pral rive nan sa ou gen pou fè a. Men se va avèk pouvwa lespri map ba ou a. Se Seyè ki gen tout pouvwa a menm ki di sa. **Za.4:6**

Leson 6   **Jezi nan konba kont dezi lachè**
Se poutèt sa, men sa map di nou: Kite lespriBondye dirije lavi nou. Pa obeyi egzijans kò a. **Gal.5:16**

Leson 7   **Jezi nan konba kont lespri vanite**.
Fè atansyon lè nap fè devwa nou pou Bondye pou nou pa fè'l yon jan pou fè moun wè. Lè nou fè'l konsa, papa nou ki nan syèl la pap bay nou okenn rekonpans. **Mat.6:1**

Leson 8   Jezi nan konba kont lespri gwo tanta
Kisa sa ta sèvi yon moun pou li ta genyen lemonn antye si'l pèdi lavi li? **Mak.8:36**

Leson 9 Lespri ap kondwi ou nan tout verite
Men, li menm, Lespri kap montre verite a, lè la vini, la mennen nou nan tout verite a. **Jan.16:13**

Leson 10 Privilèj yon kwayan lè li kondwi pa Sentespri
Paske, tout moun Lespri Bondye a ap dirije, se pitit Bondye yo ye. **Wom.8:14**

Leson 11 Ki jan rekonèt kwayan an ki kondwi pa Sentespri a
Lespri Bondye a bay lespri pa nou an lasirans se pitit Bondye nou ye. **Wom.8:16**

Leson 12   Disip Emayis yo detwonpe tèt yo.
Lè sa a, li louvri lespri yo pou yo te ka konprann tou sa ki te ekri nan liv yo. **Lik.24:45**

DIFE K AP VEGLE ZYE W LA

SERI 2

JONAS, YON MISYONÈ DELENKAN

Liv sa a ekri pou raple nou plan Sali Bondye genyen pou nou depi lontan. Pèson moun pa kapab defèt plan sa. Sinon li va pini w pou sa. «Lè li di yon Pawòl, lap rive kan menm.» Pawòl li dwe akonpli, pèsonn pa gen dwa chanje plan li. Bondye te pran Jonas, yon pwofèt ki te soti nan Galile a. Li voye li Niniv, yon gwo vil nan peyi Asiri, ke jodia yo rele Iran. Li voye l la pou la l preche repantans a pèp la. Ou pa bezwen dim si Bondye fè tout depans pou vwayaj sa. Kouman Jonas pral fè pou li akonpli misyon sa ? Nou pral aprann anpil sou Bondye akòz desizyon misyonè a. Mwen wè Jezi deja ki voye nou nan misyon tou patou nan mon saa tankou li te fè pou Jonas. Eske pwojè pèsonèl nou pral kontrarye plan Bondye? Ke ou renmen Jonas ke ou pa renmen'l, ou gen enterè li liv sa pou w wè ou menm ak Jonas, ki kote nou sanble.

Rev. Renaut Pierre-Louis

Leson 1
Levanjil nan pò Jope

Tèks pou prepare leson an: 2R.14:25; Ez.27:12; 33:1-11; Jon.1:1-11; 3:4; Jn.7:52; travay.9:36-38; 10:8

Tèks pou li nan klas la: Jon.1:1-11

Vèsè pou resite: Si mwen fè ou konnen yon mechan gen pou mouri,epi ou pa avèti'l pou li chanje, pou li kite move pant lap swiv la pou li ka sove lavi li, lap toujou mouri poutèt peche li yo, men se ou menm map rann responsab lanmò li. **Ez.33:8**

Bi leson an : Montre plan Bondye pou sove payen yo.

Mwayen pou fè leson an: Deba, kesyon.

Pou koumanse
Pou sove Niniv anba destriksyon, Bondye te voye Jonas la pou ale preche repantans. Kouman li pral fè pou reyisi misyon li? Pou jodia, ann gade ki misyon e ki pwofèt.

I. Eta moral Niniv
1. Moun Niniv te mechan. Bondye te vle pini yo.Jon.3:8
2. Li te vle avèti yo avan paske « Bondye pa vle pou mechan an mouri men li vle li chanje lavi li». Jon.3:4; Ez.33:11
3. Fòk li ta gen yon santinèl pou avèti Niniv. Si yo repanti, Bondye pap voye malè sou yo. Men si yo pa repanti, pèp la ak tout santinèl la ap tonbe anba chatiman. Ez.33:1-6
4. Konsa li voye yon misyonè pale yo. Non li se Jonas. Jon.1: 2

II. Idantite Jonas misyonè Bondye a.
1. Jonas te fèt Gath-Hépher, yon ti bouk nan Galile anviwo 3 a 4 kilomèt de Nazarèt. Nou wè, Jwif yo pa genyen rezon lè yo te di ke pa gen pwofèt ki te soti Galile. 2R. 14:24-25; Jn.7:52
2. Misyonè saa te dwe konn pale lang asiryen an. Nou pa jwen yon kote nan Bib la ki di Jonas te pran yon entèprèt. Li te byen enfòme de misyon li e li te konnen sa pou l fè.

a. Misyon li se te:
Anonse moun Niniv ke yo gen yon delè 40 jou pou yo repanti. Jon.3:4

b. Pakou a
Li te dwe soti Jafo ou Jope, ki rele Jafa jodia. Se te toupre lanmè Mediterane. Travay. 9:36-38; 10:8
Dela li ka pase Damas an Siri. Li kapab travèse gran flèv Efrat la ak flèv Tibre a pye pou li debake sou Niniv.

Pou fini

Piske Bondye gen yon plan pou tout moun menm pou mechan yo, ann renmen tout moun epi ann pote yo sekou pou lanmou Bondye.

Kesyon

1. Cheke repons ki bon an
   a. Jonas te fèt __ Jope __ Nazarèt __ Gath-Hepher
   b. Niniv te yon vil nan __ Siri __ Asiri __Palestin
   c. Bondye te voye Jonas __ Tasi __ Niniv __ New York

2. Jwenn repons ki bon an:
   Jonas sete premye pwofèt ki te soti __ Nòmandi __ Galile ___ Jerizalèm

3. Jwenn repons ki bon an
   a. Bondye vle jije tout mechan yo.
   b. Bondye pè mechan yo.
   c. Bondye pwoteje tout mechan yo.
   d. Bondye vle mechan yo repanti.

4. Se vre ou byen se pa vre
   a. Pou ale Niniv fòk ou pase Tasi __ V __ F
   b. Jonas pat byen enfòme sou misyon li. __ V __ F
   c. Jonas te dwe anonse moun peyi Niniv ke Bondye pwal detwi peyi a nan 40 jou __ V __ F
   d. Moun Niniv yo te mechan __ V __ F

Leson 2
Levanjil nan wout pou Tasis

Tèks pou prepare leson an: 2R.14:25; Ez.27:12; Je.23:23; Jon.1:1-11; Jn.7:52; travay.9:36-38; 10:8

Tèks pou li nan klas la: Jon.1:1-11

Vèsè pou resite: Piga ou twonpe tèt ou, moun pa kapab moke Bondye. Sa yon moun fè se sa lap wè.**Ga 6:7**

Bi leson an: Montre ke lòm pap jan kapab chanje plan Bondye.

Mwayen pou fè leson an: Deba, kesyon

Pou koumanse
Sak pi senp pase obeyi lòd Bondye? Al mande Jonas pou l sa reponn ou.

I. **Pròp desizyon li.**
1. Li pat santi li kapab kite zafè li, bagay li renmen yo, pou li ale nan yon misyon ki pa nan avantaj li. Li te tou senpleman bezwsen:
    a. Rad pou li vwayaje
    b. Lajan pou pòch li ak paspò li.
    c. Direksyon Sentespri a pou misyon an ka reyisi.
2. O lye de sa, li te prefere peye yon biyè pou monte yon bato ki tap ale Tarsis. Se te yon peyi Eròp ki pat manke plon, eten, fè ak ajan pou fè komès. Ez.27:12; Jon.1:3. Ou pa bezwen mande si tikè vwayaj pou ale la te byen chè pou 2 rezon:
    a. Premye rezon an, se paske pou w kite Jafa pou w ale Tasi, fòk ou travèse Gwo lanmè Mediterane. Kòm fòk yo pase plizyè pò avan yo rive Tarsis, vwayaj la te kapab pran tout yon lane.
    b. Dezyèm rezon an, se paske bato a pap deplase san li pa gen yon bon kantite moun ki deja monte pou ranpli tout plas vid yo. Konsa piske Jonas te prese pou li ale, ou kapab imajine ke li te peye tout plas vid ki rete nan bato a.

c. Li te menm ap vante tèt li devan payen yo paske li te sove ale lwen fas Bondye. Aprè sa, li al dòmi nan fon bato a. Pou li menm, sa te fini. Men li twonpe tèt li. Jon.1:10

II. Konsekans desizyon sa

1. Bondye te menase lavi tout moun nan bato a ak yon gwo tanpèt :
   a. Pou montre otorite li sou tout moun ak tout bagay yo, pou montre ke li wè e li konnen tout bagay. Je.23:23
   b. Pou pini payen ki te koupab paske yo tolere yon nonm yo konnen ki tap dezobeyi Dye li. Jon.1:4, 10
2. Maren yo te pè, yo fè kòve rele dye yo ki parèt enpisan devan Bondye tout bon an. Jon.1:5
3. Pou soulaje bato a, yo te oblije jete anpil bagay nan lanmè. v.5
   Yo te cheke lis yo, epi yo te wè gen yon pasaje ki manke. Sete Jonas. Yo te fouye bato a, epi yo jwenn misyonè nou an kap dòmi kò pèdi nan fon bato a. Yo te reveye l, epi yo repwoche li pou konpòtman li. Yo pat dakò li rete konsa pandan tout moun an danje.
4. Aprè sa yo mande li pou li priye Bondye li a pou mande li gras. Jon.1:6

III. Leson nou kap tire nan sa :

1. Lè Bondye voye nou, enterè pèsonèl nou pa konte ditou. Sinon nap peye konsekans la chè.
2. Lè ou vle fè èksprè pou twonpe Bondye, lap mete ou nan sitiyasyon ke ou pap konnen kisa pou w fè, jis ou pap konnen kote pou w mete tèt.
3. Bondye pa bezwen konnen zafè prejije w ni pretansyon w.
4. Jonas te sanble ak yon misyonè ki pa gen misyon puiske lap fè prejije kont moun ke li te dwe evanjelize.
5. Jonas se yon misyonè ki ale nan misyon san Bib ni liv chan, men ki boure valiz li ak vye jounal, ak rad dènye modèl pou la l fè enteresan. Demach sa yo pa kapab sove pyès moun !

Pou fini
Moun pa kapab moke Bondye.

Kesyon
1. Jwenn repons yo ki bon an
    Jonas pat vle ale Niniv
    a. Paske li pa te konn pale lang asiryen yo.
    b. Paske li pat vle payen yo sove.
    c. Paske li pat genyen lajan.
    d. Paske vwayaj sa pat nan avantaj li.
    e. Paske li te dwe sakrifye pròp enterè li.

2. Bay rezon yo ki fè Bondye te menase vi pasaje yo
    a. Li te vle touye payen koupab yo kap fè reselè.
    b. Li te vle pini Jonas pou rebèlion li.
    c. Li te vle montre ke moun pa ka kache devan l.
    d. Tanpèt la te rete konsa e li leve.

3. Se vre ou byen se pa vre
    a. Dye yo te kapab kalme tanpèt la___ V ___ F
    b. Peche pwofèt la te atire malè sou payen yo ___ V___ F
    c. Bondye te remèt Jonas lajan li te depanse pou vwayaj la.___ V ___ F
    d. Kouri pou kache Bondye se kache pou benediksyon li men se pa pou chatiman li_ V_ F

Leson 3
Levanjil nan mitan bato a.

Tèks pou prepare leson an: Jon.1:1-11
Tèks pou li nan klas la: Jon.1:1-11
Vèsè pou resite: Se nou menm jwif yo ki lakòz moun lòt nasyon yo ap plede pale Bondye mal konsa.. **Wo.2:24**
Bi leson an : Montre enpisans temwayaj pwofèt la devan payen yo kip a gen espwa.
Mwayen pou fè leson an: Deba, kesyon

Pou koumanse
Nou te wè jan maren yo te sezi lè yo wè yo ka pèdi bato yo. Kouman yap fè pou yo soti nan pwoblèm saa?

I. Demach yo.
1. Yo te rele dye yo ki pat vini lè yo nan danje. .Jon.1:5
2. Pou grenmesi yo jete nan lanmè a anpil machandiz pou diminye chaj la.
3. Pou grenmesi yo te vle konnen si tout moun rele Bondye yo.Piske okenn dye pat reponn, dènye chans yo sete pou yo rele Bondye Jonas la. Konsa yo te leve li nan dòmi pou di li priye Bondye li a. Poutan anyen pat chanje epi tou, pa gen anyen ki di Jonas te priye. V.6
4. Piske pat gen okenn dye ki fè anyen, yo te deside pran pròp desizyon yo. Yo fè yon tirajosò pou konnen kiyès ki lakòz malè saa rive yo. Sò a tonbe sou Jonas! Pou byen di, move temwayaj li a mete lavi tout moun an danje. Ki wont sa! V.7
5. Se lè sa yo jennen Jonas ak kesyon pou li di kiyès li ye ak tout detay sou lavi li. Finalman, yo te mande Jonas pou li ranpli onètman, san rati, fòmilè imigrasyon an.

II. Me kiyès li ye vre.

Jonas di li se ebre, li se sèvitè Bondye ki mèt tout latè a Poutan li te prefere wè moun Niniv yo mouri nan peche tanke li ta wè yo jwenn gras Bondye tankou Izrayèl. Jon.1:9

III. Deklarasyon maren yo

1. Yo te vle Jonas aksepte se li ki lakòz malè yo. Jon1:11
2. Yo te kwè enfidelite Jonas la ta merite pini. Jon.1:11
3. Yo mete li alèz pou chwazi pinisyon li vle. Jon.1:11
4. Ofon, yo pat vle jete Jonas nan lanmè a, paske yo tap rame pou yo ka rive sou tè sèk. Jon.2:13

Pou fini

Gade nan ki mizè yon monn tonbe akòz neglijans nou pou fè evanjelizasyon! Si nou konnen tout bon konbyen yon nanm koute ! Nou tap fè sakrifis ak tèt nou pou ale preche.

Kesyon

1. Di kisa maren yo te fè pou kalme lanmè a. Cheke repons ki bon an
   a. Yo te jete kèk bagay nan lanmè.
   b. Yo te rele dye yo.
   c. Yo te fè jèn epi yo priye.
   d. Yo te mande Jonas pou li priye Bondye li a.

2. Jwen repons yo ki bon an.
   a. Pou rive Tasi lè ou soti Jafa fòk ou vwayaje pandan __ yon mwa __ yon lane __ 8 semèn
   b. Pou kalme lanmè a, Jonas mande __ pou yo voye li nan yon lòt bato __ pou yo remèt li lajan li __ pou yo jete li nan lanmè.
   c. Nan tirajosò a, sò a tonbe sou __Lizias __Jonas __ Matias

3. Jwenn repons ki bon an:
   Lè Jonas tap dòmi nan fon bato a
   a. mesaj li a tap dòmi nan kè li.
   b. Mesaj li a pat ka gen efè sou pyès moun.
   c. Li te pi renmen peyi li pase li te pwofèt Letènèl.
   d. Tou le 3

4. Jwenn pi bon repons la
   a. prezans kretyen an te dwe fè byen pou payen yo.
   b. Prezans kretyen an te dwe yon limyè pou payen yo.
   c. Prezans kretyen an pat dwe di payen yo anyen.
   d. Nou pa bezwen preche payen, tout moun prale nan syèl paske
      Bondye gen anpil mizerikòd.

Leson 4
Levanjil nan mitan lanmè

Tèks pou prepare leson an: Jon.2:1-11
Tèks pou li nan klas la: Jon.1:1-11
Vèsè pou resite : kolè Bondye pap sispann toutotan li pa fin fè tout sa li soti pou fè. Nan jou kap vini yo, pèp la va konprann sa byen. Jen.23:20
Bi leson an: Montre kouman Bondye kontrarye plan pwofèt delenkan an.
Mwayen pou fè leson an: Deba, kesyon

Pou koumanse
Desizyon pwofèt la pou yo jete li nan lanmè, eske sa te libere li de misyon li ?

I. Desizyon Jonas la
  1. Li te deja wè ak de grenn zye li tout defisi moun yo te fè poutèt li, paske yo te oblije jete kantite machandiz nan lanmè a!
  2. Li te dwe regrèt malè li lakòz ki tonbe sou tèt moun yo. Jon.1:12
  3. Pou moun Niniv yo menm, Jonas pat menm okipe li de nanm moun yo kap pèdi. Li te prefere mouri pase li wè yo sove.
  4. Dayè si Niniv pa repanti, lap detwi. Izrayèl ap gen yon ledmi an moins. Ak lide sa ki nan tèt li a, li te ka dòmi byen dousman nan fon bato a.
  5. Pandan lap fè refleksyon saa, Bondye fè presyon sou li, li ajite vag lanmè a plis. v.11
  6. Nan malè sa li rekonèt se li men ki lakòz, li di yo konsa : «Jete'm nan lanmè a» Jon.1: 12
  Men poukisa li pat jete tèt li li menm, pase pou li mande yon moun rann li yon sèvis konsa? Jonas sanble ak moun ki vle fè yon dega a kondisyon ke yon lòt moun pran reskonsablite a.

II. Desizyon maren yo

1. Yo te koumanse gen krent pou Bondye Jonas la. Yo te bliye pou yon ti tan dye yo a pou rele Bondye Jonas la. Jon.1:14
2. Yo te rekonèt otorite san parèy Bondye sa sou tout bagay nèt. Li ka fè sa li vle, jan li vle, lè li vle epi kote li vle. Li kapab tou gen mizerikòd pou moun li vle.
3. Yo te rekonèt fòt yo paske yo tap tolere Jonas nan vis li. Sa te koute yo chè anpil. Jon.1:5b. Poutan pwa lou pou yo te jete a, se pat machandiz yo, men sete yon nonm ki gen konsyans li twò chaje; e nonm sa te yon sèvitè Bondye! Alazafè!
4. Konsa, yo mande Bondye pou li gen pitye pou yo. Jon.1:14
5. Yo te jete Jonas nan lanmè a e menm kote a, te gen lapè.
6. Menm kote a tou, krent pou Bondye te pran yo. Yo te ofri Bondye yon sakrifis aksyon de gras e yo te fè li anpil pwomès. Jon.1:16

Pou fini

Si Bondye voye ou nan misyon lakay yon pèp ki te lèdmi ou, eske wap obeyi li pou ale sove pèp saa?

Kesyon

1. Cheke repons ki bon an
   a. Jonas te mande pou li peye machandiz yo ki te pèdi a.
   b. Jonas te pran lapenn pou danje a ki te menase maren yo.
   c. Jonas te pwopoze pou yo jete li nan lanmè.

2. Cheke repons ki bon an.
   a. Jonas te doute ke yap ka jete li nan lanmè.
   b. Li te konnen lap ka naje jis li jwenn tè.
   c. Li te prefere mouri pase li te ale preche Pawòl la.

3. Cheke repons ki bon an
   a. Maren yo tap rele dye pa yo pou grenmesi.
   b. Yo tap rele Bondye Jonas la pou grenmesi.
   c. Yo te pran konsyans ke yo pat dwe tolere koupab la.

4. Cheke repons ki bon an.

Lè payen yo wè tout bagay tounen nòmal

a. Yo te ofri dye yo sakrifis.

b. Yo te ofri Bondye Jonas la yon sakrifis.

c. Yo te ofri yon sakrifis pou patri a.

d. Yo te ofri yon sakrifis pou yon dye enkoni.

Leson 5
Misyonè ap balote ak vag yo

Tèks pou prepare leson an: Jon.2:1-11
Tèks pou li nan klas la: Jon.2:1-11
Vèsè pou resite: Mwen konnen sa, o Letènèl ! Wout lòm nan, se pa li kap chwazi li, e ni tou se pa li kap deside kote li dwe fè. Jen.10:23
Bi leson an: bay yon penti sou karaktè pwofèt la.
Mwayen pou fè leson an: Deba, kesyon

I. **Yon situasyon riske**
  1. Li te libere anba presyon maren yo.
  2. Bondye pran yon pwason tankou yon taksi pou mennen Jonas kote li te voye l la. Konsa li pase twa jou e twa nuit nan yon rezidans siveye. Nan ka sa, se Bondye ki fè depans pou vwayaj la. Jonas sèlman ekonomize ti lajan li men li dwe reziye li paske li te pèdi kòb vwayaj li a nan Tasis e li pa gen espwa ke yap remèt li kòb li.
  3. Poutan, li lwe Letènèl pou nouvèl sitiyasyon li a. 2:3-11

II. **Yon sitiyasyon ki idantifye pwofèt la**
  1. Tankou yon nonm ki gen lafwa.
    a. Li konnen ke avèk Letènèl, li te ka dòmi trankil nan mitan tanpèt. Jon.1:5
    b. Li konnen ke si yo jete li nan lanmè a, tanpèt la pral kalme. Jon.1:12
    c. Li aksepte pinisyon Bondye a, paske li kwè tou nan mizerikòd li. « delivrans la se nan Letènèl lap soti » Jon. 2:10b
    d. Li konnen ke Bondye pral libere li nan vant mons sa, aprè ke li fin pwomèt pou li fè aksyon de gras. Konsa, Bondye te ba pwason an lòd pou vomi misye. 2:10-11
  2. Tankou yon nonm ki gen kouraj.
    a. Li pa te pè monte lanmè ni mache sou tè nan mitan payen pou li ale byen lwen. Jon.1:2

b. Li pa te krent tanpèt, menm jan ke li pa te krent kalamite, atak pirat sou lanmè, brigan sou tè. Ou te ka di an pasan, Jonas se yonn nan moun ke ou pa ka fè wè rezon. Se sèlman lè yo peye konsekans zak yo ke yo rekonèt erè yo te fè.

3. Tankou yon nonm trè sensè, trè veridik
Non li Amitthai vle di : « pitit laverite jan sa di a ».
   a. Li devwale rapidman a maren yo ke li tap kouri pou Senyè a. Li te deside pou li chite. Jon.1:3,10
   b. Li pral di tout laverite a moun Niniv yo, « Konnen ke ou gen yon delè de 40 jou pou ou repanti». Jon.3:4
   c. Li pral di Letènèl li pa kontan, paske li te vle sove payen yo. Jon.3:10;4:1

III. Yon sitiyasyon ki fè reflechi
1. Bondye te kanpe dijesyon pwason an, san sa, misyonè nou an tap redwi an fatra.
2. LaBib pale de yon gwo pwason, men se pa te yon balèn paske bouch yon balèn li trò piti pou vale yon moun.
3. Jezi konpare sa ki pase Jonas la a kantite tan li va gen pou li pase nan tonm nan. Gade ke moun nan peyi Loriyan yo konte yon pati nan jou yo pou yon jou konplèt. Nan sans sa, nou pa ta dwe pran mo pou mo ekspresyon lang Ebre, ni tou wè evènman sa dapre fason moun panse nan peyi bò isit la.
Poutan pa gen jwif ki demanti twa jou a ak twa nwit la .

Pou fini
Li bon pou konnen ke Bondye renmen nou e li vle sèvi ak nou malgre defo nou yo ! Se plan li e plan li sèl kap reyalize. An nou di « Senyè ke volonte ou fèt !

Kesyon

1. Jwenn bon repons la   .
   a. Yo te remèt Jonas mwatye nan kòb vwayaj la.
   b. Yo te mete Jonas nan yon lòt batiman.
   c. Maren yo pa te ba Jonas anyen.

2. Cheke bon repons la.
   a. Jonas te konsyan de peche li.
   b. Jonas te kwè ke se payen yo ki te lakòz malè sa.
   c. Li te konprann ke Bondye tap pini li pou dezobeyisans li.

3. Cheke pi bon repons la
   a. Bondye te pale ak pwason an
   b. Sèl Bondye te ka pale ak pwason an
   c. Bondye te pase pwason lòd.

4. Jwenn bon repons la.
   a. Jonas te renmen sa ki te pase a
   b. Li te gen tèt du
   c. Li te renmen fè vwayaj nan kontrebann

5. Vrè ou fo
   a. Bondye te bloke dijesyon pwason an pandan twa jou e twa nuit pou sove Jonas. V___ F___
   b. Pwason an se te yon balèn. ___ V ___ F
   c. Jonas te pase twa jou e twa nuit nan otèl. ___ V ___ F

Leson 6
Levanjil nan vant pwason an

Tèks pou prepare leson an: Jon.2:1-11
Tèks pou li nan klas la: Jon.2:1-11
Vèsè pou resite: Si yo al kache sou tèt Mòn Kamèl, map chèche yo map mete men sou yo. Si yo al kache nan fon lanmè, map bay gwo sèpan lanmè a lòd pou mode yo. **Am. 9:3**
Bi leson an: Montre ke pa gen moun ki ka twonpe Letènèl. Sa li deside a se li ki pou fèt.
Mwayen pou fè leson an: Deba, kesyon

Pou koumanse
Nou te wè move desizyon pwofèt la pou li pa te fè misyon an. Eske li pi entelijan pase Bondye ? Eske lap reyisi?

I. **Entèvansyon Bondye**
1. Lè yo te lage Jonas nan mitan lanmè Mediterane a, Bondye te sove li anba lanmò lè li te voye yon pwason tankou yon taksi pou bay li yon woulib.
2. Li te sove li akòz de repitasyon li
3. Li te sove li akòz de mesaj li ki pa te ka « nwaye » ansanm ak dezobeyisans yon delenkan.
4. Li te vle fè li konprann ke sa lòm di se pa sa Bondye di. Kote li voye nou an pap janm selon dezi nou, men se selon volonte li.

II. **Pakou pwason an te fè.**
1. Bondye te kontrarye vwayaj pwofèt la pou Tasis. Nenpòt fason li pral gen yon pwason pou bato e Bondye pou kapitèn bato a. Devan gwosè danje kap frape moun Niniv yo eske Bondye ta dwe bay pwason an lòd pou vomi Jonas Jope oubyen pou li kontinye wout li nan mitan Mediterane pou debake li sou plaj Niniv ? Mwen vle pran dezyèm opsyon an. Si se te sal te ye, an nou wè ki wout pwason an te fè.

2. Ou dwe sonje ke Kanal De Swèz ki fè rantre Mediterane a Gòf Pèsik la, ponkò te egziste. Kannal sa ki gen 195 kilomèt la, te fèt nan lane 1869 pa diplomat fransè yo te rele Fèdinan De Leseps, swa 2700 zan pi ta. Konsa an nou wè nan ki wout pwason Jonas la te pase:

3. An nou swiv li. Li ale nan mitan lanmè Mediterane ak yon sèl pasaje abò.

4. Li travèse Kanal Jilbrata ki nan mitan Lafrik Dinò ak Lespay, li pase a kote Zile Kanari, li pase tou pre Moritani, Daka, Ginen, Konakri, Abijan, Gabon, Luanda, Kinshasa, li vire tou won devan Kap Bòn Esperans, li refize a dwat li Loseyan Endyen ki toujou ajite; li rantre nan Kanal Mozanbik ki nan mitan Eta Mozanbik ak Zile Madagaska. Kounyea pwason nou an ke Bondye li menm ap dirije, dwe refize rantre nan Lanmè Wouj pou dirije li nan Gòlf Pèsik la, konsa li va rantre nan Kanal Osmòz e finalman debake Jonas sou plaj Niniv la. Twa jou ak twa nuit ap navige!
Se la misyon pwason an te fini. Li te dwe nenpòt jan wete kòl pou kite pwofèt la pou kont li. Tikè a pa te yon tikè « ale retou », pwofèt la te dwe debouye li pou li retounen.

5. Jonas te byen merite vwayaj sa : vant pwason an pat gen kabann, ni twalèt, ni anyen ki te kap mete Jonas alèz. Andedan pwason an pat gen fenèt pou li wè deyò, tout sa se pou li te kap peye pou dezobeyisans li. Li te dwe rete la. Li pat kap dòmi. Misye te vin pè, e se nan moman saa, li te sonje priye. Se konsa li wè li debake sou plaj Niniv san yon gren cheve li pa rache!

Pou fini

Okenn kreyati pa ka kache li anba zye Bondye. Eb.4:13 Remèt li volan destine w. La konnen kouman pou li fè w rive an byen nenpòt kote ou prale.

Kesyon

1. Di ki kote yo te lage Jonas nan lanmè a.
   __ Nan flèv Latibonit lan __ Nan Lanmè Mediterane a __ Nan Kanal De Swèz la.

2. Cheke bon repons la
   Kanal De Swèz la te fèt an 2009__an 1789 __ an 1869

3. Kanal De Swèz la te fèt pa __ preszidan Brezil
   __ Fèdinan De Leseps __ Prezidan Dayiti

4. Site 5 kote ke pwason an te ka fè.

5. Vrè ou byen fo
   a. Jonas te priye nan vant pwason an _ V __ F
   b. Jonas te domi trankil nan vant pwason an
      _ V _ F
   c. Bondye te enpoze volonte li bay Jonas
      __ V __ F
   d. Bondye tap dirije pwason an __ V __ F
   e. Jonas te fè yon rete Kore pou bwè yon soda _ V _ F
   f. Pwason an te rete tann Jonas sou plaj Niniv la _ V _ F

Leson 7
Priyè prizonye a nan kacho li

Tèks pou prepare leson an: Jon.2:1-11
Tèks pou li nan klas la: Jon.2:1-11
Vèsè pou resite: Men, Bondye pran soufrans lan li sèvi avèl pou li montre lèzòm anpil bagay. Se lè yo anba tray li louvri lespri yo. **Jòb.36:15**
Bi leson an : Montre aksyon Bondye ki bay yon dezyèm chans la.
Mwayen pou fè leson an : Deba, kesyon

Pou koumanse
An nou retounen sou istwa Jonas ankò. Nou wè Jonas mele. Se yon pwason gran zye ak gwo dan pwenti ki te vale misye. Eske li pral soti? Dayè, pou ki rezon li te la ? Kijan de demach ki dwe fèt pou retire li kote li ye a?

I.   **Rezon ki fè li te nan prizon.**
     Sitiyasyon nan vant pwason an
     Jonas te chwazi li menm sanksyon li. Se li menm ki te di maren yo «Jete m nan lanmè». Li te bliye ke se sèl bèt ki gen nan lanmè yo, e ke li pa tap kap espere yo resevwa l nan gou pa l.
     1.   Bondye lage li nan « Fò Dimanch li » san menm yon lòd darestasyon ki ekri.
     2.   Pandan li nan ti prizon li a, li pap twouve moun fè demach pou li soti.
     3.   Nou sonje tou, pa te gen anyen pou mete li alèz, pa gen twalèt, pa gen douch, pa gen kabann, pa gen radio, ni televizyon. Sanble li te bliye si li se te lokatè yon prizon ki pa te menm jan ak lòt yo.
     4.   Se la ke li te rann li kont ke li te kondane kòm kriminèl, li te trayi pi gran wa a.
     5.   Se lè saa li vin konprann ke nan okenn peyi nan mond la, yon diplomat pa kap pèmèt li deside nan wout pou l chanje destinasyon. Sa kap menm kòz lanmò li.

6. Li sot trayi misyon pi gran wa a e gran wa sa se Bondye ke li te konnen kòm mèt syèl la ak tè a. Jon.1:9.

7. Li pa te konnen ke si yon moun te ka kouri kite benediksyon Bondye, men ou pap janm ka kouri lwen fas li. Jon.1:10; Amos.9:3

8. Lè li wè ke prizon li gen sèlman yon pòt, e ke pòt saa se bouch pwason an, Jonas te blije asèpte ke li pèdi pati sa anbatab.

II. Detrès prizonye a

Jonas te konpran kòman sa li te fè a te grav anpil e koman desizyon li a te frivòl. Pwason an li menm, li te pran jòb trè serye. Li te ale a tout vitès. Li pa te epanye pasaje li a ni de chòk ni de gwo soukous.

1. Jonas di nou ke li te rekonèt li nan yon abim. Jon.2:4
2. Li te krent vag yo. Dlo yo tap menase vi li. Jon 2:6
3. Li pa te ka chita jan li te vle kote li te ye a.
4. Li te desann nan rasin montay yo. V.7 Se sèlman nan moman saa ke li te pran Bondye oserye. Bib la di :«Nan detrès li, li te rele Letènèl.»
5. Li te byen tris paske Bondye te bay li do. Li te kwè ke Bondye te retire zye sou li. Jonas te konnen kèk moman nwa san solèy, san lalin, san limyè. Pa te gen chans menm pou yon libète pwoviswa. Li pat kap twouve okenn avoka pou plede kòz li.

III. Konsekans a detrès li yo:
Vi li chanje
1 Li te sonje Letènèl. V.8
2 Li te sonje legliz. «Ma va wè tanp ki apa pou ou a » 2:5
3. Li sot «pòstè» priyè li, li voye li nan yonn nan adrès Bondye menm: tanp ki apa pou li a. V.8

IV. Li pran pozisyon kont payen yo
1. Li pwomèt pou li enskri li kòm yon « atache » a Letènèl, li pwomèt pou rayi moun kap adore zidòl yo. Jon.2:9

2. Li priye Bondye pou disparèt yo san pitye.

V. Li pran dispozisyon pou l sèvi Bondye
1. Li pwomèt pou li rekonesan a Bondye.
2. Li pral ofri sakrifis pou Bondye !
3. Li pral fè aksyon degras a Bondye e lap chire gòj li pou l di : «Beni swa Letènèl» Jon.2:10
4. Li pwomèt pou ranpli angajman li yo anvè li. V.10
5. Depi lè saa li ka kwè nan delivrans. V.10

VI. Rezilta:
1. Lè Bondye « li lèt Jonas la», li te touche, imedyatman li voye lòd bay pwason an pou mete prizonye li a deyò.
2. Pwason an vomi Jonas sou plaj Niniv la e li retire li nan mitan lanmè a. Misyon li akonpli zewo fot.

Pou fini
Konnen sa byen: Bondye se li ki gen kontwòl tout bagay. Ou mèt fè sa w vle, se Bondye kap mennen w. pa pran chans leve tèt katon w devan l.

Kesyon
1. Make vrè repons la
Jonas te loje nan vant pwason an tankou ___ yon misyonè ___ yon diplomat ___ yon prizonye ___ yon pansyonè

2. Make vrè repons yo.
a. Jonas te koupab de yon krim, yon trayizon san parèy.
b. Li te trayi kòz ki te pi gran an
c. Li te trayi yon wa ki te fè li konfyans
d. Li tap kouri lwen Benediksyon Bondye
e . Li pa te kapab kouri lwen chatiman Bondye

3. Make vrè repons yo.
   a. Pwason an te chanpyon nan vitès paske li te fè pakouri distans sa nan twa jou.
   b. Bèt la te obeyi Bondye kote yon misyonè te dezobeyi.
   c. Jonas te dwe regrete neglijans li.

4. Vrè ou byen fo
   a. Jonas te deside repanti __ V __ F
   b. Li te pwomèt pou li bay yon ofran a Bondye __V __F
   c. Li te pwomèt Bondye yon bato misyonè __ V _ F
   d. Bondye te mande li pou li te bay yon avans __ V __ F
   e. Pwason an te sèvi pou peye frè lòjman pwofèt la.__V__F

Leson 8
Levanjil sou baz pou li pran elan

Tèks pou prepare leson an: Jon.3:1-10, 1ko.9 :7-18
Tèks pou li nan klas la: Jon.3:1-10
Vèsè pou resite: Se pa yon lwanj pou mwen dèske map anonse bon nouvèl la. Sa se obligasyon yo fè mwen. Malè pou mwen sim pa anonse bon nouvèl la! 1Ko.9 :16
Bi leson an: Montre enpak mesaj li a
Mwayen pou fè leson an: Deba, kesyon

Pou koumanse
Men Jonas devan yon misyon difisil. Kouman li pral jere sa ?

I.   Plan misyonè Bondye
Bondye vle Pawòl li fè enpresyon sou moun Niniv yo. Kisa li te fè?
1. li te debake Jonas nan yon sou maren dènye modèl. Moun Niniv yo te sezi tout bon.
2. Bondye te leve tèt « diplomat espirityèl li a » devan payen yo. Moun yo pat pran tan pou kwè nan otorite ke Bondye bay pitit li a. Jon.3:5
3. Ak yon rantre trionfal konsa sa sou teritwa yon rwa mechan, reprezante pou pwofèt la yon lèt rekomandasyon ki montre ki jan Bondye kalifye pwofèt la.

II. Plan misyonè Jonas
1. Fwa sa li pa chache konfò. Eksperyans li nan vant pwason an te tou fre nan memwa li.
2. Tout dabò, li te pran mache nan tout vil la pandan lap bay avètisman sa: « Nan karant jou ankò Niniv pral detwi». Jon.3:4

III. Konsekans:
1. Mesaj la te pase paske Asiryen yo se moun yo rekonèt pou jan yo brital, jan yo kriminèl ak prizonye yo. Yo koupe tèt yo epi yo fè pil yo nan vil la pou montre pisans dye Asu.

2. Fwa saa, moun Niniv te resi kwè nan Bondye. Yo te pibliye yon jèn e depi komanse nan pi gran jouk nan pi piti, yo te kouvri kò yo ak sak kòlèt. Jon.3:5

3. Lè wa a te arive konn sa, li te pibliye yon jèn pou tout nasyon an kote moun ak bèt te dwe kouvri anba sak epi sann. Jon.3:7-8

IV. **Rezilta**

1. Pozitif: Bondye pat an kolè kont yo ankò. Niniv te sove. Jon.3:10

2. Negatif:
   a. Jonas, li menm te fache. Premye misyonè pami payen yo, li te tris paske li te lakòz konvèsyon pechè yo. Jon.4:1
   b. Li te repwoche Bondye pou sa. Jon.4:2
   c. Se lè sa li di pouki li te ale sere Tasi. Pito li te mouri pase payen yo ta sove. Jon.4:2-4
   d. Nou pral wè pi devan jan Jezi felisite ekonòm enfidèl la paske li te fè zanmi ak anpil richès enjis. Levanjil se yon richès enjis, sa vle di anpil richès ou posede san zefò malgre sa ou pap pòv si ou pataje li. Liv Jonas la se yon repròch pou pèp Izrayèl la, ki genyen Pawòl la epi yo pa vle pataje li.

Pou fini

Si se tout bon ou blame konpòtman Jonas, li lè pou ou sispann egoyis pou ale preche Pawòl la. Nouvo Jonas, Bondye ap tann ou !

Kesyon

1. Jwenn repons ki pi bon an.
    a. Bondye te debake Jonas tou pre yon prebistè.
    b. Bondye te bay pwason an lòd pou li vomi Jonas sou plaj Niniv.
    c. Bondye te bay pwason an lòd pou li tann Jonas.

2. Jwenn repons yo ki bon an.
    a. Menm lè li rive a, Jonas lwe yon chanm otèl.
    b. Li te pase nan tout vil la.
    c. Li te preche pèp la repantans.

3. Jwenn repons ki karakterize moun Niniv pi byen an.
    a. Yo te dousman.
    b. Yo te sovaj epi mechan.
    c. Yo te mete Jonas nan prizon.

4. Jwenn repons ki karakterize atitid Jonas la pi byen
    a. Li te dakò ak Bondye pou li sove payen yo.
    b. Li te refize preche tout moun.
    c. Li te repwoche Bondye pou bonte li ki te twòp.

5. Se vre ou byen se pa vre
    a. Levanjil se yon richès enjis __ V __ F
    b. Jonas sete premye misyonè payen yo __ V __ F
    c. Bondye te tolere Jonas twòp. __ V __ F

Leson 9
Levanjil ak pèseverans pwofèt la.

Tèks pou prepare leson an: Jon.3:1-10; Mt.11:28; 28:19-20; Ep.4:11; 6: 13b; 1Ti.3:2; He.11:40

Tèks pou li nan klas la: Jon.3:1-10

Vèsè pou resite: Lè yon sòlda desèvis li pa pral chaje tèt li ak pwoblèm lavi si li te vle fè chèf li plezi. **2Ti.2:4**

Bi leson an: Montre kouman Bondye konbat atitid negatif pwofèt la après yon revèy konsa.

Mwayen pou fè leson an: Deba, kesyon

Pou koumanse
Anwetan Jonas, kinpòt lòt moun tap felisite Bondye paske li te chwazi li pou yon misyon konsa. Ki konpòtman li te genyen?

I. Izòlman li. 4:1, 5

1. Après revèy la, li pa pati lamenm ; li bati yon ti kay nan lès vil la. Sa eksplike eta rebelyon li, paske lès se direksyon kontrè a wout pou retounen an. Jon.4:5
2. Li te rete tou pou wè si pèp la pa tap tounen nan menm vi a ankò pou li ka merite kòlè Bondye. Jon.4:5b
   Desizyon sa se yon viktwa li tap ye pou Jonas. Jon.4:5
3. Poutan, Bondye ap swiv konpòtman pwofèt la byen. Sanble Jonas te gen tèt chòv. Bondye te fè pouse yon ti pye maskriti pou bay li lonbraj. Konsa ak yon kay epi yon lakou ki gen bon lonbraj, ki sa li te bezwen ankò ? Jonas te kontan. Nan demen, Bondye te voye yon vè pou wonje maskriti a ki te sèch byen vit. Jon. 4:6
5. Pwofèt la te fache e li te demontre Bondye sa. Jon.4:9

II. Leson maskriti a:

1. Bondye pa voye nou nan misyon pou nou ale jwi vakans. Kèk misyonè pap kite peyi yo pou ale nan yon lòt ki pa gen konfò modèn, è kondisyone, kouran, sèvis pòstal, entènèt,

aewopò, bon wout. Yo vle gen maskriti ladousè a sou tèt yo: televizyon yo, krèm glase yo, bèl plaj pou yo benyen ak pak pou pik nik.

2. Se pa nou ki pou chwazi lè epi ki kote nap desann. Sekirite nou nan sosyete a depann de Bondye. Bondye toujou genyen sa ki pi bon pou nou. ebre.11: 40

3. Vè ki wonje maskriti a senbolize soufrans (maladi sibit, defisi, echèk, pèd, enprevi…) Bondye voye pou nou pou kabesta nou e fè nou obeyi li.

4. Vè sa ap anpeche nou pran lari pou sonnen twonpèt laglwa nou.

5. Maskriti an reprezante yon abri pwovizwa, yon peryòd de tranzisyon avan dezyèm etap misyon nou.

III. Dezyèm etap la.

Menm kote moun yo konvèti, yo pral bezwen fòmasyon espirityèl e biblik. Mat. 11:28; 28:19-20
Nou kapab site:

1. Yon kote pou fè kilt pou adore
2. Yon pastè natif natal pou preche nan lang pèp la. 1Ti.3:2
3. Yon klas batèm pou fòmasyon doktrin nouvo kwayan yo. Mat. 11:29
4. Yon Lekòl Biblik pou fòmasyon predikatè layik yo. Ep.4:11
5. Yon seminè teolojik pou fòmasyon pastè yo. Ep.4:11
6. Yon inivèsite pou fòmasyon doktè yo ak lòt degre teolojik yo. Ep.4:11
7. E kisa nap di pou bezwen sosyo-ekonomik pèp la?
   Bondye te fè byen voye yon vè nwizib pou detwi maskriti ki tap bay misyonè san vizyon an lonbraj ak satisfaksyon.

Pou fini

Remèsye Bondye pou pèsekisyon yo, pou pwoblèm yo nou kap genyen aprè yon revèy. Sonje ke nap toujou bezwen yon lòt revèy pou nou kenbe fèm aprè nou finn dominen tout bagay. Ep. 6:13b

Kesyon

1. Souliye repons ki bon an.
   a. Jonas felisite Bondye paske misyon li a reyisi.
   b. Jonas te chagren paske misyon an te reyisi.
   c. Jonas fache tèlman li retounen nan plaj la pou tann pwason an retounen.

2. Cheke repons ki bon an.
   a. Jonas rete nan mitan vil la pou tann payen yo chite ankò.
   b. Jonas chache yon djòb pou pa rete san fè anyen.
   c. Jonas bati yon ti kay a lès vil la.

3. Cheke repons ki bon an.
   a. Bondye te fè yon pye maskriti leve byen vit pou te bay Jonas lonbraj.
   b. Bondye detwi pye maskriti an byen vit
   c. Bondye te vle montre Jonas sa ki enpòtan pou yon misyon e pou yon misyonè.

4. Cheke repons yo ki bon an
   Yon bon misyon gen ladann
   a. Preche levanjil la selon kilti pèp la.
   b. Fòme kèk ouvriye natif natal la pou fè travay la.
   c. Fè komès pou kenbe katye jeneral misyon an.
   d. Kreye yon mòd vi pou endijèn yo

Leson 10 - Jonas ak Pyè

Tèks pou monite a: travay.10:11-16, 24, 48; 11:17-18; 2Pye. 1:1
Tèks pou li nan klas la : travay.10 :1-8
Vèsè pou resite : Mwen tande vwa Segnè a kap di : ki moun mwen ta voye la a, ki moun ki ta vle ale pou mwen? Mwen reponn : Men mwen Segnè voye m. **Ezayi.6 :8**
Pou koumanse : Eske nou te konnen ke lavil Jope te resevwa 2 misyone ? Se te Jonas ak Pye. Eske nou te konnen tou ke reyaksyon yo te trè diferan?

I. Jonas ak Pyè

1. Pyè ke Jezi te rele Simon pitit Jonas la te gen misyon Bondye bay li pou li kite lavil Jope pou ale preche Konèy, yon payen ki te nan lavil Sezare.
2. Li te refize ale paske li sonje ke Jezi te di Pawòl sa yo: Yo te voye m bò kote mouton ki te pèdi nan peyi Izrayèl yo. Mt.15 :24
3. Pou li te konvenk li, Bondye vin pale ak li nan yon rèv. Men li : Li wè yon dra soti nan syèl la plen ak bèt kat pat, zandolit ak zwazo nan syèl la. Bondye leve vwa l' li di : « Pye, tiye yo epi manje. Pandan twa fwa li te refize obeyi lòd sa. Finalman, Bondye fè l' konprann ke bèt enfrekantab sa yo senbolize payen nan tout nasyon ki bezwen levanjil. travay.10: 11-16. Lòske lòt Apòt yo repwoche Pye sou fason li aji, Pyè di yo ke Bondye pa nan zafè moun pa ; lè payen yo konvèti, li bay yo Sentespri tou menm jan ak jwif ki konvèti. Trav.11:17-18
4. Depi lè sa a, li lage kò l nan fè misyon pou Jezi.
5. Yo te deja we l' nan misyon kay Dòkas. Tra.9 : 40-41
6. Li pral ekri pou tout moun ki pataje menm fwa, pou yo genyen menm rekonpans ak jwif yo. 2Pye.1:1

Rezilta :
Konèy konvèti e li fè tout famiy li ak tout zanmi li tande Pawòl la. Trav.10. 24, 48

Pou fini

Pyè te obeyi Jezikri. *Jezi te rele l' Simon pitit Jonas la.* Si l' te soti nan ras Jonas, nou pa konnen, men, li pat imite l. E poukisa ou menm ou vle imite l ? Pyè te di: « Pito'm obeyi Bondye pase pou m'obeyi moun» E ou menm, kisa w' di?

Kesyon

1. Jwenn bon repons lan
   ____ Pyè te misyonè na lavil Niniv.
   ____ Li te delege pou preche Konèy.

2. Jwenn bon reponn lan
   Bato Jonas la te rele _____ La Balen
   ___ yon mons lanmè____ Niniva

3. cheke repons ki bon an
   Lè Pyè tap priye a
   a. Anpil lapli tap tonbe.
   b. Payen yo te felisite l' pou bèl priye li.
   c. Sentespri a te desann sou yo tout.

4. Cheke repons ki bon an
   Lè li tap pale,
   a. Kapitenn Konèy te bay Pyè yon revolvè pou pwoteksyon li.
   b. Li te peye l' paske l' te resevwa Sentespri.
   c. Li te pran Pyè pou Pap li te mete ajenou devan li...
   d. Pyè te refise glwa sa yo.

5. Se vre ou byen se pa vre
   a. Jonas pat renmen payen yo ___ V __ F
   b. Pyè te renmen payen yo __ V __ F
   c. Pyè te preche yo levanjil pa lanmou li gen pou Bondye __ V __ F

Leson 11
Levanjil nan bato inivesèl la.

Tèks pou prepare leson an: Mat.1 :39 ; 8 :14-17 ; 12 :41 ; Mak.5:21 ; Lik.2 :39 ;9 :51 ; Jan.3:16 ;12 :32 ;14 :3, 14 ; Ak.1 :11; Wom.8 :1 ; 1Pye.3 :19
Tèks pou li nan klas la: Jan.3:1-10
Vèsè pou resite: li rabese tèt li. Tankou yon moun, li soumèt devan Bondye. Li obeye Bondye jis li rive aksepte mouri, wi jouk li aksepte mouri sou kwa. Fil.2:8
Bi leson an: Montre kijan Jezi te obeyi fidèlman a misyon li.
Mwayen pou fè leson an: Deba, kesyon

Pou fini
Jezi pat janm louvri bouch li san l pa pale w de Papa li. Ki obeyisans sa? ...Si Jonas te konnen ?...An nou wè Jezi

I.   **Apèl lè li te gen 12 zan**
     Li te nan lavil Jerizalèm aprè yon egzamen doktrin, kote Mari ak Jozèf tap chache li pou grenmesi. Li te siyale misyon li nan mo sa yo:
     « Gen lè nou pa konnen ke fòk mwen okipe travay papa m ki nan syèl la? »Lik.2: 49 Pa dim' ke yon timoun nan laj saa pa ka pran responsabilite!

II. **Apèl lè li te gen 30 tan**
     1.   Li soti pou la l' preche.Mat.1:39
     2.   Li travese monn ak vale. Lik.22:39
     3.   Li pase sou lanmè. Mak.5:21
     4.   Li ranpli misyon li te genyen pou geri malad yo, avèg yo, paralize yo. Mat.8:14-17
     5.   Li pa te pè mouri pou sove jwif yo ak payen yo. Jan.3:16; Lu.9:51

III. Sa li ta l fè anba tè
1. Pyè di nou ke li te ale preche lespri yo nan prizon. Ki moun yo te ye? 1Pyè.3 :19-20
2. Se te mokè yo, moun tèt di nan tan Noye yo ki pat vle antre nan lach la. 1Pyè.3 :20
3. Yo te peri nan dlo nan tan sa a; men tout bagay poko fini: Yap tann jijman yo. 1Pyè.3:19-20
4. Mesaj Jezi te preche a lespri sa yo, se pat yon mesaj Euanggelio (yon mesaj pou te envite yo repanti) men yon mesaj kerusso (yon pwoklamasyon pou deklare jijman ak kondanasyon yo).

IV. Apèl li nan syèl la
Li monte nan syèl avek kò li. Ak.1:11
1. Pou rete sansib a bezwen nou yo. Jan.14:14
2. Pou reprezante kretyen yo ki vivan toujou ak kò sa ki ekspoze a tout danje. Mat.28:20
3. Pou fè plas a tout pechè ki repanti yo. Jan. 12:32; 14:3
4. Pou detounen tout atak mechan ki vini kont yo. Wo.8:1

Pou fini
Levanjil la se yon bato inivesèl ke Jezi sèvi avè l pou preche mesaj gras, padon, lapè ak Sali a. Eske nap imite Jonas ki te bay legen? Eske nap swiv Jezi nan misyon li? Koute byen: Nan Jezi genyen plis pase Jonas. Mat.12:41

Kesyon
1. Jwenn bon repons lan.
   a. Jezi te komanse ministè prive nan laj__ 21 nan __ 30 tan __ 12 zan
   b. Papa Jezi te rele __ Jozèf __ Abraram __ Bondye
   c. Jezi te komanse ministè piblik li a __ 19 an__ 33 zan __ 30 tan

2. Jwenn bon repons lan.
   a. Jezi te obeyi papa li nan kèk pwen.
   b. Li te obeyi papa li nan tout kondisyon
   c. Li te obeyi papa jiskaske li te mouri.

3. Jwenn repons ki bon an
   Jezi te preche lespri yo nan tan Noye
   a. Pou fèmen dosye yo
   b. Pou te fè yo repanti
   c. Pou pale de jijman ak kondanasyon yo

4. Jwenn repons ki mache a
   Jezi te monte nan syèl ak kò li
   a. Pou rete sanble ak nou
   b. Pou koresponn pi byen ak moun menm jan avè l'.
   c. Pou konnen pi byen ke lap retounen.
   d. Pou l' toujou rete sansib a bezwen nou yo.
   e. Li pral bezwen l' pou l' tounen vin cheche nou menm jan an.

Leson Espesyal : Fèt Manman Ak Papa

Sijè: Fondasyon fanmiy lan
Tèks pou prepare leson an: Jenèz. 2: 23; 3:20; 4:17; 12:16; 16:3; 25:28, 27:6-13,41-42; 37:3-4, 20, 24, 26-28; 36: 1, 8, 12, 16; Egz.17:8, 16; Mt.5:27-28; 19:6; Travay.17:26; Ef.5: 22, 33; 6:4
Tèks pou li nan klas la: Ef.6:1-4
Vèsè pou resite: Kanta nou menm, manman ak papa, pa aji ak timoun nou yo yon jan pou eksite yo. Men, ba yo bon levasyon, korije yo, pale ak yo dapre pwensip Senyè a. **Ef.6:4**
Mwayen pou fè leson an: Diskou, diskisyon, kesyon
Bi leson an : Defann entegrite fanmiy lan

Pou koumanse
Tout bagay gen yon koumansman. Bondye te kreye gason ak fanm. Li beni yo lè li di : « fè timoun, fè anpil timoun, ranpli latè. Depi lè sa sa, fanmiy la te fonde. Ann wè kouman li evolye.

I. Fwaye a avan tout bagay
Bondye te koumanse limanite ak kreyasyon gason ak fanm. Avan menm timoun yo fèt tankou fri nòmal maryaj yo, Adan te bay madanm li yon non. Li te rele li Isha oubyen femèl gason an. Pita li rele li Ev ki vle di «Manman lavi» Je. 2: 23; 3:20 lè tout bagay ap byen mache ki non gate nou pa bay fanm ?

II. Fanmiy lan vin answit
Lè ti moun komanse fèt, fwaye a tounen yon fanmiy. Reskonsablite madanm ak mouche a vin pi gwo e vin pi fragil. Mouche a pa gen madanm sèlman pou l okipe, men li gen ti moun tou.
Sepandan, lè fanmiy lan ap gwosi, gen gwo danje pou w lage timoun yo pou yo fè sa yo vle. Se konsa nou wè kijan Abèl te swiv ansèyman nan kil de fanmiy lan, tandiske Kayen, se yon ti nonm ki wodomon. Li pa koute ni paran, ni Bondye ; li touye frè li Abèl e li kouri al kache nan yon vil k ote pitit li yo te mete ansanm avèl pou yo bati l. Pa gen yonn nan yo ki te kapab bay

li konsey. Fòk gen anpil ponyèt pou bati yon vil ! E tout te aksepte pou konstwi li. Yo tout te mechan tankou Kayen, papa yo. Jen.4: 17

III. Apre fanmiy nan nou jwen la sosyete ak pèp yo

1. Fanmiy yo ki reyini an fòme yon sosyete. Menm sa fanmiy la vo a se sa sosyete a vo tou. Nou wè Rebeka te tolere pitit li Jakòb. Jakòb menm te tolere pitit li Jozèf.. E tout bagay sa yo, anba je lòt timoun yo ki kap fè jalouzi e zizani nan fanmiy nan. Ki move edikasyon fanmiy sa! Jen. 25:28, 27:6-13; 37:3-4

2. Kòm konsekans, Ezayi frè Jakòb te rayi li jis li te vle touye li paske li te vole benediksyon li yo. Jen.27: 41-42

3. Aprè sa, Ezayi te rekonsilye ak Jakòb. Sèlman, Amalèk, pitit piti Ezayi a, te vin wa nan tèt yon pèp ki toujou ap goumen kont pitit Jakòb yo. Jen.36: 1, 8, 12, 16; Egz.17:8, 16

4. Frè Jozèf yo menm, yo te rayi li anpil. Yo tap tann yon okazyon konsa pou yo touye li. Jen.37: 3, 20, 24.

5. Chans pou li Bondye te sove la vi l. Je.37:26-28

IV. Pèmanans fanmiy nan

Lè moun yo ap plede fè ti moun..

1. Fanmiy la miltipliye gras rankont yo fè e ankò gras a rankont ak lòt pèp. Posiblite sa egziste toujou paske tout pèp yo soti nan yon sèl san. Travay.17: 26 Nan tan lontan, se pat yon peche pou yon gason te genyen anpil madanm. Lè Jezi vini, li dezòmè moun yo nan koutim saa. Sa te bon pou gason yo aprann fidèl a madanm yo, pou yo bay madanm yo plis valè ak rèspè. Je. 12:16; Mt.5:27-28

2. Remake Sara pat pran pou anyen lè li te mande mari li Abraram pou fè timoun pou li ak sèvant li Aga. Je.16: 3. Apòt Pòl te ka klase zak sa tankou yon bagay ki pi sal. Chanje mèt, chanje metye. Ef.5: 22, 33

V. Ki sa ki fè fanmiy an dire.

1. Se dabò relasyon moun yo ak Bondye
Bondye te prevwa mwayen pou fwaye ak fanmiy yo kap
dire, se gras a edikasyon nou bay ti moun yo. Li rayi divòs
ki kraze fwaye yo e detri avni ti moun yo. « Se poutèt sa,
pèsonn moun pa gen dwa separe sa Bondye mete ansanm.»
Se sa Jezi di. Mat. 19:6

2. Answit nan ledikasyon timoun yo. Paran yo genyen
reskonsablite pou bay timoun yo ledikasyon, pou yo elve ti
moun yo. Yo dwe leve yo pandan yap korije yo epi enstri
yo. Demen timoun yo pral paran tou; Se sa yo te aprann la
kay paran pa yo, yo pral sèvi avèl. Efez.6:4

3. Nan rapò sosyal yo. Lòm dwe viv nan sosyete, sinon li vin
sovaj. Ou gen dwa rete pou kont ou, pou yon ti moman,
men ou pa gen dwa izole w pou w pa pran kontak ak moun.
Si ou pa vle viv ak moun, ou pap rete moun.
Fanmiy yo kapab diferan yonn lòt, men se nan Bondye yo
tout te soti. Pa gen moun pase moun, kit ou te rich, kit ou
te pòv tankou Laza.

Pou fini

Sonje pou nou byen jere fanmiy lan paske, nan jou jijman an, nou
tout dwe rann kont de kijan nou te jere l , swa an byen swa an mal.
2Kor.5:10

Kesyon

1. Jwenn non Adan te bay madanm li
Èv __ Anisha__ Natacha __ Isha__ Olicha

2. Jwenn isit la ki sa Ev vle di
__ Fanm __ Evelyne __ motè lavi a __ Evodie

3. Jwenn isit la repons yo ki bon an
   a. Paran yo te tolere Kayen
   b. Bondye te tolere Kayen
   c. Kayen te malèdve
   d. Kayen te mechan

4. Vrè ou fo
   a. Fòk gen yon gason ak yon fi pou fonde yon fwaye__ V _ F
   b. Fòk genyen yon gason, yon fanm ak yon timoun pou genyen yon fanmiy __ V __ F
   c. Lè Adan te reveye nan jade ednn lan, te wè Steve. __ V __ F
   d. Jozèf se te pitit Jakòb te pi renmen an. __ V __ F
   e. Jakòb se te pitit Izarak te pi renmen an. __ V __ F
   f. Li bon pou ou kapab gen yon timoun ou pi renmen. __ V __ F
   g. Amalèk te pitit pitit Ezayou. __ V __ F
   h. Fòk ou bat timoun pou edike yo. __ V __ F
   i. Kay la se premye lekòl timoun yo genyen. __ V __ F
   j. Bondye se lotè fanmiy lan. __ V __ F

Sijesyon : Leson sa a kapab fèt nan de (2) dimanch swivi.

Lis sijè ak vèsè pou trimès sa

Leson 1   Levanjil nan pò Jope
Si mwen fè ou konnen yon mechan gen pou l' mouri, epi ou pa avèti l' pou l' chanje, pou l' kite move pant l'ap swiv la pou l' ka sove lavi l', l'ap toujou mouri poutèt peche l' yo, men se ou menm m'ap rann reskonsab lanmò li. **Ezek.33:8**

Leson 2   Levanjil nan Tasi
Pa twonpe tèt nou. Moun pa ka pase Bondye nan betiz. Sa yon moun simen, se sa li va rekòlte. **Galat. 6:7**

Leson 3   Levanjil nan mitan bato.
Se sa menm ki te ekri: Se nou menm jwif yo ki lakòz moun lòt nasyon yo ap plede pale Bondye mal konsa. **Wom.2:24**

Leson 4   Levanjil nan mitan lanmè
Li pap sispann toutotan li pa fin fè tou sa li soti pou li fè a. Nan jou kap vini yo, pèp la va konprann sa pi byen. **Jer.23:20**

Leson 5   Misyonè a sou kont vag yo.
Seyè, mwen konnen pesonn pa mèt tèt yo, pesonn pa ka kontwole kote yo prale. **Jer.10:23**

Leson 6   Levanjil nan vant pwason
Si yo ale kache sou tèt mòn Kamèl, map chache yo, map mete men sou yo. Si yo ale kache pou mwen nan fon lanmè, map bay gwo sèpan lanmè a lòd pou l' mòde yo. **Am. 9:3**

Leson 7   Priyè prizonye a nan selil li
Men, Bondye pran soufrans lan, li sèvi avè l' pou li moutre lèzòm anpil bagay. Se lè yo anba tray, li louvri lespri yo. **Job.36:15**

Leson 8   Levanjil sou baz pou li koumanse

Tande byen, se pa yon lwanj pou mwen dèske map anonse bon nouvèl la. Sa se yon obligasyon yo fè mwen. Malè pou mwen si m pa anonse bon nouvèl la! **1Ko.9:16**

Leson 9   Levanjil ak pèseverans pwofèt

Lè yon sòlda desèvis, li pa pral chaje tèt li ak pwoblèm lavi si li vle fè chèf li plezi. **la2Ti.2:4.**

Leson 10   Jonas ak Pyè

Apre sa, mwen tande Seyè a ki tap di: -Kilès mwen ta voye la a? Kilès ki ta   asepte ale pou nou? Mwen di: -Men mwen. Voye m'! **Ezayi.6:8**

Leson 11   Levanjil nan bato inivèsèl la

Li rabese tèt li. Tankou yon moun, li soumèt devan Bondye. Li obeyi Bondye jouk li rive asepte mouri, wi jouk li asepte mouri sou kwa a. **Fi.2:8**

Leson 12   Fondasyon fanmiy lan

Kanta nou menm, manman ak papa, pa aji ak timoun nou yo yon jan pou eksite yo. Men, ba yo bon levasyon, korije yo, pale ak yo dapre prensip Seyè a. **Ef.6:4**

DIFE K AP VEGLE ZYE W LA

SERI 3

EWO IRAK YO

EWO IRAK YO

Lè nou tande pale de Ewo Irak yo, gen anpil moun kap kwè ke nou vle pale de solda kap simen lanmò nan peyi Saddham Hussein lan, tankou zwazo sovaj kap plonje sou kadav moun pou yo manje. Se pa sa ditou.

Otè a sèlman vle reveye lespri ou sou ansyen Babilòn lan nan ane 586 BC lè wa Nebikadneza te depòte nan peyi Babilòn prizonye yo nan vil Jida pou yo te rete sèvi li pandan 70 zan. Sepandan, malgre li te cho pou li te ranmase èklav, li te pran swen chwazi pami yo kèk jenn gason pou sèvi nan palè a. Ki jan ti mesye sa yo pral fè pou bay waa satisfaksyon ?

Lè nou voye je nan lantikite pou yon ti tan, nap gade yon defile anba zye nou. Ladann, nou kap rekonèt 4 jen gason. Non yo se: Daniel, Hanania, Mischaël ak Azaria. Eske ou rekonèt yo tou? Enben, pran chèz ou mete l bò kote nou, pou nou swiv ansanm match saa, pou nou kap wè kote jen gason vanyan sa yo pa pè riske vi yo devan lanmò akòz non Bondye vivan an. Rev.12:11b

Otè a Renaut Pierre-Louis

Leson 1
Ewo Irak yo nan palè wa Nebikadneza

Tèks pou prepare leson an: 2Wa.24:1-2; 2kr. 36:5-7; Da.1:3
Tèks pou li nan klas la: 2Kwonik.36:5-7
Vèsè pou resite: Konsa tou, se pou limyè nou klere devan tout moun, pou lè yo wè tout byen nap fè yo, ya fè lwanj papa nou ki nan syèl la. **Mat.5:16**
Mwayen pou fè leson an: Diskou, konparezon, kesyon
Bi leson an: Montre kouman kretyen yo dwe aji yon lòt jan.

Pou koumanse
Kote 4 jènjan sa yo soti? Abiyman yo, langaj yo, demach yo, tout moun ka wè yo pa sanble ak moun ki te fèt nan peyi Babilòn. Nan yon ti moman nap pase kote yo a, nap kapab dekouvri byen ki moun yo ye.

I. **Moun ki bò yo te ye? Yo te jwif**
   1. Bondye te vle pini wayòm Jida a poutèt san inosan wa Manase te fè koule nan Jerizalèm. 2Wa.24:3-4
   2. Konsa nan lane 586 B.C, Bondye mete zam nan men wa Nebucadnetsar pou li depòte nasyon sa epi jete li Babilòn, se peyi sa nou rele Irak jodia. 2Wa.24:2
   3. Pami prizonye yo ki te nan premye gwoup jwif li te depòte yo, nou te ka konte plizyè jèn jwif ki te soti nan gran famiy. Te gen nan yo 4 prens: Daniel, Hanania, Mischael ak Azaria. 2Wa.24:1-2; 2Kwonik. 36:5-7; Da.1:3

II. **Ki edikasyon yo te genyen?**
   1. Yo te byen kanpe e yo te bo gason. Da.1:4
   2. Yo te nèg sèvo. Da.1:4
   3. Yo te gen fòmasyon pou sèvi nan palè wa a. Da.1:4
   4. Tout kalite sa yo te pèmèt yo jwenn bous nan gouvènman an. Aprè 3 zan nan inivèsite, yo te gen diplòm dòktè nan lang kaldeyen yo. Da.1:5, 19-20

III. Koman yo te viv nan pansyon an?

1. Yo te nan pansyon sou kont wa a pandan tout tan sa yo. Konsa yo te kap pase tout tan yo ap etidye san yo pat bezwen al chèche ti djòb. Da.1:5

2. Silveyan pansyon an ki te rele Achpenaz, te bay yo non moun Babilòn. Sete yon privilèj anplis a kote dwa sitwayen yo te genyen. Da.1:7

3. Depi lè saa, pou rele Daniel, Hanania, Mischael ak Azaria yo di+: Bèltechatza, Chadrak, Mechak, AbèdNego. Da.1:7

4. Depi yo te gen yon ti tan nan pansyon an, yo te mete tèt yo ansanm pou yo lapriyè.

Pou fini

O koumansman, se te la vi dous pou ti mesye sa yo, nan Diaspora Babilòn lan. Eske bagay yo ap rete konsa? Se sa nou ta swete.

Kesyon

1. Jwenn repons ki bon an.
   Pou montre kijan yo te intelijan
   a. Yo te fè dis sou dis nan egzamen bakaloreya a.
   b. Yo te pran diplòm dòkte nan lang kaldeyen yo
   c. Yo te kopye tout nan yon liv.

2. Di si se vre ou si se pa vre
   a. Irak se ansyen peyi Babilòn nan. _ V _ F
   b. Manase se te yon wa ki mechan._ V_ F
   c. Depòtasyon soti Jida rive Babilòn te pase nan lane 586 avan Jezi te vini. __ V __F
   d. Avan yo te bay yo dwa tankou sitwayen Babilòn ofisye ki nan sèvis imigrasyon an te chanje non yo.__V __ F
   e. Daniel ak zanmi li yo te soti nan ras a wa. __ V __F

Leson 2
Ki jan Ewo Irak yo te mennen vi yo nan pansyon an

Tèks pou prepare leson an: Da.1:5-16
Tèks pou li nan klas la: Da.8-14
Vèsè pou resite: Lè ou gen krentif pou Bondye, ou deja konprann anpil bagay. Lè ou soumèt devan Bondye, moun va fè lwanj ou.
Pwo.15:33
Mwayen pou fè leson an: Diskou, konparezon, kesyon
Bi leson an: Montre kouman Bondye rekonpanse moun ki refize vann konsyans yo.

Pou koumanse
Nou sot vizite jèn etidyan sa yo nan chanm yo ak nan dòtwa yo. Ann manje ak yo nan refektwa a.

I. **Ki jan yo te konpòte yo a tab**
    1. Yo te bay yo tout manje sou yon menm tab. Yo te sèvi yo anpil viv ak vyann e yo te bay yo bon diven an kantite.
    2. Tout etidian yo te manje san poze kesyon sou sa yo tap manje, anwetan Danièl, Chadrak, Mechak ak AbèdNego. Da.1:8
    3. Lot ti etidyan jwif yo tap fè konn tapaj, yo tap moke yo. Yo te bliye si yo se yon pèp apa yo te ye.

II. **Ki atitid yo nan refetwa a**
    1. Danièl ak 3 zanmi li yo refize manje waa san yo pa fè okenn enteresan. Tou senpleman, yo te vle rete nan kondisyon pou yo te kap toujou sèvi Bondye.
    Fòk nou konnen vrè reson an:
    2. Avan yo mete manje yo sou tab, fòk yo te prezante l a Bèl, yon estati dye moun Babilòn yo.
    3. Ti mesye sa yo te prefere mouri tan pou yo te enfidèl a Bondye. Yo te kapab chanje non yo nan Imigrasyon, men pèson pa te kapab chanje lafwa yo.

III. Ki manje yo te manje

Yo te deside tout bon pou rejte Bel tankou yon dye pwovidans. Yo fòme yon delegasyon pou rankontre moun ki responsab pou bay yo manje a. Ak anpil sajès, yo mande'l pou li pèmèt yo pa manje vyann pandan 10 jou men pu yo manje legim. Aprè anpil pale, li dakò ak yo. Da.1:12

IV. Ki rezilta sa te bay?

1. Yo te gen pi bon sante pase lòt pansyonè yo. Da.1: 15-16
2. Bondye te bay yo plis konesans, sajès, ak entelijans nan tout matyè yo. Da.1:17
3. Kanta Danièl menm, li te gen don pou eksplike tout vizyon ak tout rèv. Da.1:17
4. Yo te loreya nan egzamen Bakaloreya ak mansyon «Suma cum laude.». Da.1:19
5. Aprè sa, wa fè antretyen ak yo, li bay yo gwo djòb nan gouvènman an ak anpil frè e privilèj ke yo te merite. Da.1:19-20

Pou fini

Ki bèl temwayaj sa pou timoun kretyen yo? Bondye bezwen jèn sa yo jodia. Eske ou se yonn nan yo?

Kesyon

1. Jwenn repons yo ki bon an.
   a. Anpil etidyan nan inivèsite Babilòn lan te jwif.
   b. Sèlman Daniel, Hanania, Mischael ak Azaria ki te jwif.
   c. Pat genyen etidyan ki jwif.

2. Jwenn repons ki bon an .
   Danièl ak zanmi li yo te saj.
   a. Paske yo pat pale lang kaldeyen yo
   b. Poutèt yo te gade edikasyon pran te bay yo lakay yo
   c. Paske yo te pè pran prizon.

3. Jwenn repons ki bon an
   Danièl ak zanmi li yo te prefere legim
   a. Pou yo te ka bay yo nan krèm glase wa a.
   b. Pou yo pat konpwomèt konsyans yo nan zafè zidòl
   c. Pou montre jan yo rebèl.
   d. Pou fè moun wè.

4. Jwenn repons ki bon an.
   Danièl te konn esplike vizyon
   a. Paske li te majisyen.
   b. Paske Bondye te bay li yon espri avanse.
   c. Paske li te konn dòmi anpil.

Leson 3
Ewo Irak yo ak lavi yo nan lapriyè

Tèks pou prepare leson an: Da.chap.2
Tèks pou li nan klas la: Da.2:1-5, 15-19
Vèsè pou resite: Nou pa bezwen pè, mwen la avèk nou! nou pa bezwen kite anyen ban nou kè sote. Se mwen menm ki Bondye nou. Map bay nou fòs, map ede nou. Map soutni nou ak fòs ponyèt mwen ki pa janm pedi batay la. **Eza.41:10**
Bi leson an: Montre ke fòs kretyen an se nan relasyon li ak Bondye li ye.
Mwayen pou fè leson an: Diskou, konparezon, kesyon

Pou koumanse
Ou pa bezwen envante yon kwa pou w ka kretyen. Kwa a ap vini pou kont li. Kijan lap ye? Ann wè sa apre yon rèv wa Nebucasdnetsar te fè.

I. **Rèv wa Nebikadneza a**
   1. Depi li reveye, li te bliye yon gwo rèv li te fè. Da.2:3,5
   2. Malgre tout sa li fè pou li sonje li, li pat kapab.
   3. Li te tèlman bay rèv sa enpòtans li, ke li te fè yon mannigèt pou wè si li ta jwen li. Konsa, li fè chache divinò, moun ki li zetwal, majisyen yo, astwològ yo ak kaldeyen yo. Li tap fawouche yo pou yo di li rèv la epi pou yo te bay li esplikasyon l. Da.2:6
      Éske se te yon bagay fasil, zanmi mwen yo?

II. **Desizyon wa a**
   1. Li te konnen limit pouvwa malefik yo, ak mistè yo.
   2. Li santi yon gwo danje menase l e li pa wè ki bò li kap jwen sekou.
   3. Si se konsa, avan li mouri, lap touye tout majisyen sa yo. Konsa pap gen ni kliyan ni chalatan. Da.2:5-6

4. Poutan, nan lis moun lap kondane yo, te gen Danièl ak zanmi li yo ladann, moun nou konnen ki te fidèl a Bondye Izrayèl la. Da.2:13

III. Demach Danièl yo

1. Li te ale nan Depatman Militè a kote kolonèl Ajòk pou li te konnen ki jan sitiyasyon makawon sa te ye. Da.2:14-16
2. Ak sajès Bondye bay Danièl, li te twouve mwayen pale ak wa epi li mande li yon delè de vennkatrè pou li di li rèv la e bay li esplikasyon l.
3. Daniel bay Bondye reskonsablite pou li fè wa a wè ke majisyen l yo, astwològ yo, kaldeyen yo, tout domestik a satan yo pa kapab fè anyen.
4. Aprè sa, li rantre lakay li epi li fè yon reyinyon priyè ak 3 zanmi li yo ke nou tout konnen: Anania, Michayèl ak Azaria.
5. Pandan tout nwit la, yo tap priye mande Bondye pou sove peyi a anba eprèv sa, epi pou san pa koule. Da.2:17
   Nou fin wè ki majisyen yo, astwològ yo ak kaldeyen yo, yo tout panike. Yo konsilte planèt, yo gade nan boul kristal yo, nan tab tounant yo pou grenmesi. Nan moman sa Danièl fè kè li poze, paske se Bondye vivan an lap sèvi, Bondye ki pa janm manke nou pawòl lè nou anba tray!

Pou fini

Pandan ou menm wap viv nan diaspora a, pandan ou menm wap jemi anba kriz politik, kriz ekonomik oubyen ou anfas yon pwoblèm ou pa tap atann, kiyès moun ou rele?

Kesyon

1. Kouman yo rele kolonèl depatman militè a?

2. Kiyès wa a te konsilte pou devine rèv li a?

3. Ki sa ki te nan tèt gran'm maten sa?

4. Sa li te deside fè ak magisyen yo?

5. Site non 3 jwif ki te menase ak desizyon wa.

6. Jwenn repons ki bon an
   a. Danièl mande wa a pou bay li yon delè
   b. Pou li eseye sove tèt li
   c. Pou li gentan òganize yon manifestasyon
   d. Pou li gentan konsilte Bondye.

7. Danièl te gen 3 zanmi ki te konn priye ansanm avè'l. bay non yo

Leson 4
Ewo Irak yo anba kesyon

Tèks pou prepare leson an: 2Wa.21:3-16; Da.2:-35
Tèks pou li nan klas la: 2Wa.21:3-7
Vèsè pou resite: Se Bondye ki tout pwoteksyon nou, se li menm ki tout fòs nou. Li toujou pare pou ban nou sekou lè nou anba tray. Sòm.46:1
Mwayen pou fè leson an: Diskou, konparezon, kesyon
Bi leson an: Montre ki disiplin nou dwe genyen devan sitiyasyon ki fè nou pè.
Pou koumanse: Lanmò ap tann Daniel ak 3 zanmi li yo. Poutan, yo pat chache chape poul yo. Kisa yo te fè? An nou met tèt nou nan plas yo, epi an nou imajine kouman yo abòde sitiyasyon an.

I.   **Yo koumanse ak yon egzamen de konsyans pa yo**
1.   Bondye te lage pèp izrayèl la nan men wa Nebikadneza poutèt krim wa Manase. Krim sa yo se te:
a.   Idolatri, pwostitisyon, majik, espiritism. 2Wa.21:3-7
b.   Li te touye ti inosan yo nan lavil Jerizalèm. 2Wa.21:16
2.   Yo menm, yo te sanse viktim de idolatri papa yo.
3.   Poutan, nan diaspora Babilòn lan, yo te gen kouraj pou yo te refize manje manje wa a pou yo pat sal konsyans yo devan Bondye. Da.1:8
II. **Yo kontinye ak yon konfesyon**
1.   Yo rekonèt ke yo tout te koupab. Men se poutèt sa yo tap mande Bondye padon pou nasyon yo ak pou tèt yo tou.
2.   Yo konfese erè yo fè depi nan koumansman lè yo pat byen konnen mès ak koutim ki gen nan peyi a.
III. **Yo fini ak yon entèvansyon**
1.   «Se pou Bondye onore fidelite nou lè nou te refize trayi fwa nou gen nan li.
2.   « Se pou Bondye manifeste li nan moman sa pou tout moun ka rekonèt li pou Bondye e majisyen yo pou mantè.

3. Se pou wa konnen ke li kidnape nou, ke li pran gode ki tap sèvi nan tanp Bondye nou an, men li pap janm kapab kidnape fwa nou.
4. «Se pou Bondye bay wa a yon leson pou li pa janm bliye.»

IV. Yo leve nan la priyè a ak satisfaksyon

1. Bondye revele Danièl rèv la ak tout eskplikasyon li. Da.2:19
2. Konpayon priyè li yo mete ansanm ak li pou bay Bondye glwa.
3. Yo felisite Bondye paske li bay yo fòs sajès ak entelijans. Da.2:21

V. Atitid

Danièl ak zanmi li yo pat blame pyès moun pou malè ki te pandye sou tèt yo. Yo te pito ale kote Bondye ki sous lapè a. Kounyea yo prèt pou ale kote wa a ak yon nòt revandikasyon. Kisa nòt sa te ye? Se te libète jeneral pou tout moun ke wa te kondane pou mouri. E ki sa wa ap jwen nan sa? Lap jwen revelasyon rèv la ke Daniel ap pote bay wa a! Ki temwayaj sa!

Pou fini

Kisa ou tap fè ou menm nan ka sa?

Kesyon

1. Cheke repons ki bon yo.
   Bondye pini wayòm Jida a pou krim wa Manase yo, tankou: __ idolatri __ sipèstisyon __ espiritis __ foutbòl na lari __ majik __ lanmò inosan yo
2. Cheke repons ki bon yo
   a. Anania, Michayèl, ak Azaria konfese peche yo.
   b. Yo blame zansèt yo pou move kondwit yo
   c. Yo mande Bondye pou manifeste pisans li.
3. Cheke bon repons lan
   Lè Danièl resevwa revelasyon sonj la.
   a. Li te mande wa a pou touye tout majisyen yo.
   b. Li te fè yon gwo diskou pou fè pale de li.
   c. Li te mande gras pou tout moun.

Leson 5
Ewo Irak yo nan libète pwovizwa

Tèks pou prepare leson an: Da.2:1-30
Tèks pou li nan klas la: Da.2:19-24
Vèsè pou resite: Me mesaj Segnè a voye pou Zowobabèl; se pa avèk vanyan sòlda ou yo, ni avèk pwòp kouraj ou ou pral rive nan sa ou gen pou fè a, men se avèk pouvwa lespri pam map bay ou, se mwen menm Segnè a ki di sa. **Za.4:6**
Mwayen pou fè leson an: Diskou, konparezon, kesyon
Bi leson an: Montre revelasyon Bondye bay sèvitè li yo dirèkteman.

Pou koumanse
Tout lannwit, wa a pat ka dòmi, vre. Poukisa li pat egzekite santans lanmò a sou tout majisyen yo ak bòkò yo ki nan wayòm li an? Eske li te jwenn desizyon li te pran an te twò dwòl? Non. Sèlman wa a te pè. Li te reziye li tann 24è pou jwenn repons Danièl la ak zanmi li yo. Sa kap pase kounyea?

I.   **Entèvansyon kote kolonèl la**
Aprè li finn lwe Bondye, Danièl te ale kote kolonè Ajòk pou 3 rezon:
1. Premye rezon: se pou li te mande yon dialòg ak wa a pou li te bay li yon mesaj sekrè: esplikasyon rèv la Da.2:24c
2. Dezyèm rezon an: se pou Ajòk te akonpaye'l pou li te kapab kontwole emosyon li e tou kòlè wa a.
3. Twazyèm rezon an: se pou wa a te kapab ranvwaye desizyon touye tout moun sa yo puiske li jwen solisyon an kounyea. Da.2:23

II. **Prezantasyon kote wa a**
Ajòk pat prezante Danièl bay wa a tankou yon gwo fonksyonè nan gouvènman an. Sandout li te jalou petèt de konpetans Daniel. Nou kapab konprann ekspresyon li an ki chaje ak mepriz ak prejije ladann. Tande li: « Mwen jwenn pami prizonye Jida yo yon nonm…" Fason li prezante Daniel la ka fè wa a

doute de konpetans Danièl nan zafè divinisyon. Wa ta kap pran Daniel pou yon vye charlatan e egzekite li tout swit. Da.2:5

1. Rapidman Danièl te rejte tou konpetans bòkò yo ak majisyen yo e menm tèt pa li nan domèn sa. Li te mete tèt pa li a kote pou li te ka egzalte Bondye. Da.2:27, 30
2. Li te pwofite de sa pou li ka egzalte Bondye ki konnen tout bagay, ki fè tout bagay e ki wè tout bagay ak tout moun. Da.2:29

III. Li fè wa a kwè nan gran Bondye

1. Sa wa a pat konnen de tèt pa li ak wayòm nan, Bondye te konnen'l epi li revele sa a Danièl. Da.2:30
2. Li va pita fè waa konnen ke tout bagay sou kontwòl Bondye sa ke je pa wè a, Bondye ke waa pa rekonèt la.
3. Wa te dwe fè silans pou li tande Danièl paske prizonye sa konnen Bondye ki siperyè lòt dye yo e se li menm ki revele sekrè rèv sa a li menm Daniel, yon sekrè ke wa a ap fou pou konnen.
4. Waa rekonèt ke si pou wayòm li an ka toujou egziste, li dwe koute sa prizonye sa ap di . Nan ka sa fòk li pridan.

Pou fini

Kilè sa ap rive pou yon kretyen ki nan diaspora a egzèse otorite li sou yon Chèf Deta ki sou pouvwa? Nap swate ke Bondye , nan sajès li , va bay ou otorite sa.

Kesyon

1. Jwenn rezon ki te anpeche wa a dòmi an
   a. Li te fè yon endijesyon.
   b. Li te vle touye tout majisyen yo.
   c. Li vle bay demisyon li.
   d. Li te pè.

2. Di poukisa Danièl te mande kolonèl la pou akonpaye li l.
   a. Li te vle respèkte pwensip palè a.
   b. Li te bezwen kolonèl la pou sipòte'l.

   c. Li te vle kontwole emosyon li yo.

   d. Li te pote yon mesaj sekrè pou wa al.

   e. Pou (a, b, c, d)

3. Jije fason kolonè la te prezante Danièl la.

   a. Li kapab se jalou li jalou pozisyon etranje sa nan peyi a.

   b. Li te vle pran prekosyon devan yon wa toujou an kòlè.

   c. Li kapab se prejije li te genyen kont prizonye a.

   d. Pou 3 rezon sa yo (a, b, c)

4. Montre pozisyon Danièl devan yon sitiyasyon ki kritik.

   a. Li montre enkonpetans majisyen yo ki pa kapab konnen sekrè yo.

   b. Li montre enkonpetans tout wa yo nan ka sa.

   c. Li montre tou pwòp enkonpetans li.

   d. Li montre ke se sèl Bondye ki konpetan.

   e. Tou le 4

5. Vre ou fo

   a. Wa a te meprize Danièl paske li te nan diaspora _ V – F

   b. Ajòk te prezante Danièl ak anpil chalè. __ V __ F

   c. Danièl te pwofite sitiyasyon sa pou egzalte omnisyans Bondye. __ V __ F

   d. Danièl te egzije wa a pou peye li pou rèv li a li te fèl sonje epi esplike li a. __ V __ F

Leson 6 - Revelasyon rèv wa a ak esplikasyon li

Tèks pou prepare leson an: Da.2:26-49
Tèks pou li nan klas la: Da.2-31-35
Vèsè pou resite: Paske Segnè a, Letènèl pa janm fè anyen san li pa revele sekrè li a sèvitè li yo, pwofèt yo. Am.3:7
Mwayen pou fè leson an: Diskou, konparezon, kesyon
Bi leson an: Montre relasyon sèvitè a ak Bondye.

Pou koumanse : Sete apèn si Nebikadneza te chita sou fòtèy li tèlman li tap koute sa Danièl ap di. Zye li gran louvri, zòrèy li kanpe byen wo tankou antèn televiszyon pou montre jan sezisman tap travèse l. Ann koute Danièl.

I. Men sa wa Nebikadneza te wè nan rèv li a
1. Pou byen di, se te yon deskripsyon de ògèy li.
   Nan rèv li, li wè yon gwo estati ki te fè l pè.
2. Tèt li te an lò ki reprezante Nebikadneza tankou pi gwo chèf nan peyi Babilòn. Da.2:32, 37-38
3. Lestomak li ak bra li yo te an ajan. Sa te reprezante wayòm Mèd ak Pès yo ansanm ak wa Sirus ak Dariyus ki gen pou bay wa Nebikadneza yon koudeta. Da.2:39
4. Vant ak kis yo te an eren. Sa te reprezante wayòm Grèk kap vini apre sa ak wa Alexandre le Grand.
5. Janb yo an fè e pye yo yon pati an fè ak ajil reprezante Wòm nan tan lontan ak tout sa ki fò e fèb ladann. Da.2:43
6. Sèlman gen yon ti wòch ki te ranvèse estati a. Ti wòch sa reprezante Jezikri, Wa tout wa yo, Senyè tout senyè yo. Wayòm li an pwal bat tout lòt yo. Li pral ranpli tout latè ak Levanjil e anyen pap janm kapab detwi l. Da.2:35; Travay.1:8
7. Yon deskripsyon de chit wayòm li an.
   Rèv sa dekri koman plizyè wayòm pral tonbe yonn apre lòt, depi koumanse nan Babilòn ak tout wa li Nebikadneza.

8. Yon jijman Bondye.
Se yon mesaj ke Bondye li menm te voye bay waa. Wa te oblije mete chapo ba devan otorite Bondye. Da.2:45 Li pat kapab chanje anyen ladann. Danièl te di li: «Mwen gen tèt jis. Sa m reve a se sa. Ou mèt tann rezilta yo dapre eksplikasyon mwen bay ou an. Da.2:45

II. Desizyon wa a
1. Lè li wè ke rèv li a te devwale e eksplike, wa pran rezolisyon sa yo :
   a. Li te pran Danièl pou imaj Bondye ke li pa wè. Konsa li ofri li anpil sakrifis ak pafen. Da.2:46
   b. Li te rekonèt ke Bondye Danièl la siperyè a lòt dye yo. Se yon Bondye omniprezan, omnisyan e omnipotan. Se Bondye ki sou tèt tout lòt dye yo, se Segnè a ki sou tèt tout wa yo. Da.2:47
2. Pwomosyon pou Danièl ak ekip priyè li a.
   a. Li te mete Danièl gouvènè «Eta Babilòn lan». Biwo li te nan palè wa a menm .Da.2:49
   b. Chadrak, Meschac, Abed-Nego yo te nonmen yo delege nan Babilòn, sa nou te rele   prefè   kèk lane pase . Da.2:49

Pou fini
Lafwa kapab mete nou pi wo pase wa yo. Se pou'n genyen lafwa.

Kesyon

1. Ranpli entèval yo:
   Tèt estati a te _____ lestomak li ak bra li yo te _____
   vant li ak kis li yo te _____janb li yo te _____ pye li yo te
   _____ epi _____
2. Ranpli entèval yo
   a. Tè la te reprezante wayòm _____
   b. Lestomak la ak bra yo te reprezante _____
   c. Vant la ak kis yo te reprezante _____
   d. Janb yo ak pye yo te reprezante_____
   e. Ti wòch la te reprezante _____
3. Di kouman wa a te entèprete rèv la
   a. Li te rekonèt Bondye Danièl pat kanmarad lòt dye yo.
   b. Li te kwè ke li dwe remèsye Danièl ak zanmi li yo ki tap priye ak li yo.
   c. Li te bay yo yon chèk san pwovizyon.

Leson 7
Rèv wa a revize, korije e ogmante

Tèks pou prepare leson an: Da.3:1-22
Tèks pou li nan klas la: Da.3:1-6
Vèsè pou prepare leso n an: Piga ou pè sa ki ka touye kò a e ki pa kapab touye nanm lan; pito ou pè sa k kapab fè kò a ak nanm lan boule nan dife a. **Mat.10:28**
Mwayen pou fè leson an : Diskou, konparezon, kesyon
Bi leson an: Montre kouman kretyen tout bon an se sèl Bondye li pè.

Pou koumanse
Kouman wa a pral entèprete rèv sa?

I. **Yon estati ki gen yon mas lò**
   1. Nebikadneza te fè bati pou li yon estati an lò ki gen katrevendi pye wotè ak nèf pye lajè. Pa gen zafè tèt an lò epi rès la ak lòt metal ankò, oubyen ak lòt matyè yonn pi enferyè pase lòt. Konsa, aprè li pap gen anyen ankò. Rèv la modifye, korije epi ogmante. Da.3:1
   2. Li fè tèt li pase pou dye epi se estati sa ki senbòl la, e li egzije pou tout moun nèt adore'l, li mete tout moun anba gwo presyon lanmò. Li fè mete estati a nan vale Dira, nan Babilòn. Kiyès ki pral pran chans dezobeyi lòd wa a? Pou le moman an nou wè lis zotobre yo kap vin adore a.

II. **Adoratè yo**
   1. Sete prefè, komandan, gouvènè, komisè gouvènman an, prepoze, jij, majistra ansanm ak tout lòt chef pwovens yo. En gwo, nou kap di tout moun ki ofisyèl nan gouvènman an. Da.3:3
   2. Yo te mete yo nan premye ranje pou moun te ka wè yo byen e yo kouri vote ansanm desizyon abitrè wa a.
   3. Pou sa, yo tap tann son twonpèt la pou yo mete ajenou devan estati a. Da.3:4

4. Lòd wa a te fòmèl: Tout moun ki pa fèl, yap jete yo nan yon fou tou limen. Anons la te pibliye nan tout sans, nan tout lang e pandan plizyè fwa pou pèsonn pa di: yo pat konnen'l. Da.3:4, 10

5. Pandan tan sa, chèz 3 Sekretè Deta te rete vid. Kèk detektif kaldeyen al di wa a sa ak anpil endiyasyon nan vwa yo epi, san menm mezire bouch yo, yo denonse Chadrak, Meschac ak Abed-Nego. Da.3:8-12

III. An nou wè ki demach waa fè pou plè advèsè yo.

1. Demach wa a.
   a. Wa a lage rechèch kriminèl dèyè do yo ak manda pou mennen yo bay li pou pwent pye yo pa touche tè. Da.3:13
   b. Waa te poze yo kesyon devan tout moun. Da.3:14
   c. Wa pat dakò pran presyon nan men 3 tinèg sa yo. Li te di yo depi yo tande mizik òkès la jwe, se pou yo mete yo ajenou devan estati an lò a tou swit. Si yo pa fè sa, se yo menm ki deside pou al mouri nan dife. Wa a bay defi a tout dye ki santi l dye pou li vinn delivre yo anba men'l. Da.3:15

2. Rezistans 3 jèn ebre yo.
   a. Yo di wa kareman ke yo pap sede anba presyon sa yo. Li mèt pa gaspiye saliv li. Da.3: 16:17
   b. Yo te fè wa konprann ke yo pat elve konsa, yo pa janm adore dye ki fabrike nan faktori. Da.3:18

IV. Sanksyon an

1. Wa santi li vèkse, li estomake. La menm li bay bouwo yo lòd pou limen fou a dènye degre: 3 jèn gason yo pat pè pou sa. Da.3:19

2. Pou dife a te ka pi byen limen, yo oblije yo kite rad sou yo. Malgre sa, kè mesye yo te poze. Da.3:21

3. Bouwo yo te jete yo nan flanm dife a. Menm la ankò, yo deside mouri ak konviksyon yo pase pou yo ta trayi lafwa yo gen nan Bondye vivan an. Eske yo te mouri? Da.3: 23

Pou fini
Jèn yo te kapab ap chante:
«Qu'on m'approuve ou qu'on me blâme,
«Et demain comme aujourd'hui,
«Je ne veux quoiqu'on réclame,
«Jamais compter que sur lui.»
E ou menm, ki saw ta fè?

Kesyon
1. Jwenn rezon ki fè nou di rèv la revize, korije epi ogmante.
    a. Rèv la montre plizyè pati nan estati a. Wa a mete tout bagay an lò nan pa l la. Konsa, apre li, se va toujou li.
    b. Rèv la pat montre fòk ou adore estati poutan wa a pwomèt lanmò a kenpòt moun ki pa adore'l.
    c. Rèv la pat di ke wa se te dye poutan li vle yo adore li pou pran estati a tankou se te li menm.
    d. Tou 3 (a, b, c)

2. Jwenn non ki koresponn a fonksyonè leta yo.
    a. Satrap _____MINIS_____
    b. Dirijan_ SEKRETE DETA___
    c. Gouvènè DELEGE_____
    d. konseye__KOMISE GOUVEMAN_____
    e. trezorye _DIREKTE LABANK___
    f. Jirikonsilt DOYEN TRIBINAL YO____
    g. Jij TOUT JIJ TRIBINAL YO AK KASASYON_
    h. Majistra yo MAJIS

3. Koman nou rele 3 Sekretè Deta yo ki pat nan randevou wa a?
    _____ _____ _____
4. Di sa wa a te fè pou fè yo pè.
    a. Li te ofri yo lajan.
    b. Li te voye manda pou yo te mennen yo bay li.
    c. Li te menase yo lanmò.
    d. Li te bay yo lòd pou yo obeyi menm kote a epi pou yo mete ajenou devan tout moun.

5. Dekri konpòtman 3 jèn ebre sa yo.
   a. Yo te mande wa a padon paske yo te twò jèn pou mouri.
   b. Yo te mete yon jenou atè e yo mande Bondye ki gen mizerikòd la padon apre.
   c. Yo te di wa a pou li tann san delè reyaksyon Bondye yo a ki pral vinn pote yo sekou.
   d. Yo te dispoze mouri pase pou yo trayi Bondye.

Leson 8 - Entèvansyon "katriyèm lan"

Tèks pou prepare leson an: Da.3:23-29
Tèks pou li nan klas la: Da.3-19-30
Vèsè pou resite: Zanj Segnè a kanpe bò kote tout moun ki gen krentif pou li, pou li pwoteje yo. Li delivre yo lè yo nan danje.
Sòm 34:8
Mwayen pou fè leson an: Diskou, konparezon, kesyon
Bi leson an: Montre kouman Bondye nou an pa janm an reta.

Pou koumanse

Espektak nan bafon Dira a ranpli nou ak emosyon. Men match la poko fini. Se nan dezièm mitan nou ye la, gen yon dènye jwè ki monte sou tèren an. Sete jwè numewo 4 la. Non li se Jezi ki rele zanj Letènel nan Ansyen Testaman.

I. Manifestasyon li

1. Depi li rantre, li pran dife ki nan fou a pou balon li, li lobe 3 nèg brav yo epi ak yon pas li byen kalkile li fè ak tèt li, li chavire dife a sou tèt bouwo yo ki mouri menm kote a. Jòb.36:32; Da.3:22
2. Chadrak, Mechak et AbedNego pat gen ni ti boule ni gwo boule. Jwè nimewo 4 la mete mesye yo byen fre. Li mete yon pafen espesyal sou yo ki chase lodè la fimen dife a sou kò yo ak sou rad yo. Da.3:27
3. Rad yo pat chifonnen, ni brile, pat gen nesesite pou voye repare yo nan Dry Cleaning. Konsa yo te tou pare pou ale nan lantèman bouwo yo. Da.3:27. Menm si m pa di sa fò, men m ga di «Sa yo swete pou bèlmè yo, se manman yo li rive.» Sòm.91:8
4. Anplwaye Leta yo menm pat jwen anyen pou yo te di. Yo rete bèkèkè.Da.3:27

II. Desepsyon wa a

1. Li tap gade jan bouwo li yo tap mouri ni li pat kapab fè anyen pou yo. Da.3:22

2. Li te dwe admèt ke se «jwè numewo 4 la» ki fè gòl sa sou li nan dènye minit. Li sezi wè djab la pèdi.
3. Li te wè viktwa 4 moun ranpòte sou tout gouvènman li a, ki se : Schadrak, Mechak, AbedNego ak zanj Letènèl la li rele "katriyèm". Da.3:25
4. Li rekonèt defèt li devan 3 teworis ki ak lafwa yo nan jwè numewo 4 la, tenyen pisans dife a. Da.3:26; Ebre.11:34
5. Nan fason waa pale, li sanble ke lap mande padon lè li di: «Chadrak, Mechak, AbedNego, sèvitè pi gran Bondye an, soti e vinn jwenn mwen!» Da.3:26
6. Espektak sa te depase li si tèlman ke li tap chèche yon sipò bò kote anplwaye li yo. Si nou vle konpare mo sa yo, lè dlo a cho pou li, li di : «Eske nou pat jete… » li bliye lè li tap fè awogans li, li te di : «E ki dye kap delivre ou anba menm» Da.3:15, 24

III. Desizyon wa a
1. Li glorifye Bondye ki te gen viktwa sou dye pa l yo. Da.3:28
2. Aprè yon bèl diskou men ki te byen kout, li te remèt koup lafwa a bay ekip ki chanpyon an: Chadrak, Mechak, AbedNego. Da.3:26
3. Nan plas meday lò ak diaman, wa a te prefere fè yo pwospere nan kapital wayòm li. Da.3:30
4. Li te egzije pou tout moun nan wayòm nan te adore Bondye Izrayèl la. Da.3:29
5. Si yon moun ta pale mal Bondye sa, se yon krim ki kap lakòz ou pèdi ni lavi w ni byen w. Da.3:29

Apèl
Eske w fou pou Bondye jis ou bliye salè w, fiyanse w, paran w, timoun ou, pròp vi w pou defann bèl non Senyè a?
Si wi, lap desann nan twou ou byen nan dife kote lezòm lage w pou l mete w deyò.

Pou fini

Yo ale e nou bliye non yo, batay yo, men grandè foli yo pap peri. Se pou nou fou pou Bondye. Kwè mwen, li pap ezite fè tout bagay pou sove ou.

Kesyon

1. Kiyès ki te jwè numewo 4 la?

2. Kouman li te mennen jwèt la ? Cheke repons ki bon an.
   a. Li te vini ak yon gwo dife. Li te lobe 3 jwè ki sou linn atak la, li jete dife a sou tèt bouwo yo.
   b. Li pat bay ni wa a ni espektatè yo non li.
   c. Li te rele yo sapè-ponpye pou tenyen dife a.
   d. Li te bay jèn ebre yo yon gwo asirans nan mitan danje.
   e. Li te bay wa a lamen ak ofisye ki nan gouvènman li a.

3. Di kouman wa a te fè kòmantè lè match la fini.
   a. Li te dwe ap konte konbyen mò li genyen.
   b. Li te dakò li pèdi devan zanj Bondye a.
   c. Bagay sa te twò fò pou li.
   d. Li te rekonèt Bondye 3 jèn ebre yo siperyè.

4. Cheke sou ki non Nebikadneza te rele zanj Bondye a __ Belchatza __ katriyèm __ Eleaza

5. Cheke sou ki non li rele Bondye 3 jèn ebre yo.___ Bondye ki gran e pisan an ___ Bondye moun Babilòn yo__ Bondye Schadrak, Mechak ak AbedNego.

6. Cheke rezilta pozitif viktwa sa.
   a. Wa a te bay Bondye glwa.
   b. Li tou pran'l kòm sèl Bondye pou Babilòn.
   c. Li te ofri Bèl, Dago ak Bondye Izrayèl la yon dinen.
   d. Li te lage bon djòb nan men 3 jèn ebre yo.

Leson 9
Echèk wa Nebikadneza.

Tèks pou prepare leson an: Da.4:1-37
Tèks pou li nan klas la: Da.4:13-18
Vèsè pou resite: Segnè a anwo nan syèl la li wè moun ki soumèt devan li, li rete byen lwen li rekonèt moun kap fè grandizè yo. Sòm.138:6
Mwayen pou fè leson an: diskou, konparezon, kesyon
Bi leson an: Montre kouman Bondye ka frape kè yon mechan.

Pou koumanse
Wa Nebikadneza te toujou panse wo: lap panse a yon estati sètotè, yon vil me lajè, me longè , yon wayòm pou gouvènen lemonn antye, tout sa yo pou fè tèt li pase pou dye. Men kouman li pral fè pou li rive nan wotè yon dye?

I.   Li deside pou li itilize majisyen yo ak bòkò yo.
Majisyen sa yo tap touche lajan pou yo te ka entèprete rèv wa a epi pou bay li esplikasyon. . Da.4:7
Se Danièl li toujou konsilte an dènye. Poukisa?
1.   Paske li te pè an afè ak yon Bondye ke li pap kapab pase l lòd ni reprezante l tankou Bèl ak Dagon.
2.   Paske li te kwè Danièl te gen kèk dye andan'l, men yo sen» epi ou pa kap vire yo jan w vle. Da.4:8, 18
Li te deside pou l manifeste panse li!
Men ki jan li panse:
1.   Li tap tankou yon gwo pye bwa, ki pi wo sou planèt la. Da.4:11
2.   Li tap gen pwovizyon pou tout moun ak tout bèt. V.12. Se misye sèl ki ta kap fè yon rèv konsa. Li te kwè se li menm ki mèt tèt li. Bondye pral demontre li ke se yon senp lokatè ke li ye nan kò sa Bondye voye l fè de jou la dan. Li jeran men li pa mèt. Se Bondye sèl ki mèt tout bon an. Da.4:14 -17

3. Se yon moun nan gouvèman Bondye saa ki pral esplike l sa kap pase nan lespri li. Se la wòl Danièl la koumanse, kòm anbasadè Bondye devan wa Babilòn lan. Da.4:18

II. **Konsekans tèt di li**
Nebikadneza te egoyis. Li te kwè nan tèt li tankou se li ki te fè tout bagay.Da.4:30
1. Aprè 12 mwa lap reflechi sou yon rèv ke Danièl te fin esplike li, kè li pat chanje. Li te rete di tankou wòch. Li te kwè li sou tèt tout moun ak tout bagay, tankou Ogis te di nan Cinna.
2. Poutèt sa, Bondye te frape'l ak yon kriz nan sèvo. Da.4:33
3. Bondye te bay li yon kè bèt pou li manje zèb tankou bèf. Cheve li te pouse tankou plim zwazo pandan 7 ane. Bèf ak èg, se senbòl ògèy. Da.4:16, 26, 33

Pou fini
Si ou kwè ou pi wo pase tout moun, konnen ou pa pi wo pase jijman Bondye. Pran nòt epi pa gen memwa kout ankò.

Kesyon
1. Di kouman nou ka devini fason wa a panse.
Li te kreye ____ yon gwo anpi ____ yon estati monimantal ____ yon pisinn ____ yon gwo vil

2. Jwenn kijan li te jere gouvènman li nan pati sa.
   a. Li te enplwaye anpil majisyen ak bòkò.
   b. Li te chache wè ak Danièl yon lè konsa paske Bondye Daniel la pap flate pèsonn.
   c. Wa te priye 3 fwa pa jou.

3. Di kisa Bondye te fè pou imilye li.
   a. Li te fè li tounen bèt pandan 7 an.
   b. Li te voye li nan yon «nursing-home»
   c. Li te konseye chèf yo pou bay li pansyon.

4. Jwenn bon repons yo.
    Pou li tounen nan plas li ankò.
    a. Nebikadneza te konvoke tout gran yo nan yon reyinyon.
    b. Nebikadneza te leve zye'l gade syèl la.
    c. Bondye te bay li konprann ankò.
    d. Gran yo te mande pou li ankò.
    e. Bondye te rebay li wayòm li.

Leson 10
Soumisyon wa Nebikadneza.

Tèks pou prepare leson an: Da. 4:1-37
Tèks pou li nan klas la: Da.4:34-37
Vèsè pou resite: Kounyea, mwen Nebikadneza, map fè fèt pou wa ki nan syèl la , map fè lwanj pou li, map di jan li gen pouvwa. Tout sa li fè bon. Li pa fè paspouki pou pèsonn. Li konnen jan poul fè ak moun ki kite lògèy vire tèt yo.Lap desann kòlèt yo. **Da.**4:37
Mwayen pou fè leson an: Diskou, konparezon, kesyon
Bi leson an: Montre kouman Bondye kapab redwi otè nou pou nou kapab antre nan pòt etwat la.

Pou koumanse
Kisa ki te rive wa a aprè 7 ane imiliasyon? Eske li byen aprann leson an? Ann bay Nebikadneza pale.

I.   **Repantans li.**
  1. Aprè anpil ane li pase nan prepare albòm laglwa li, Bondye pini misye tankou nenpòt moun. Bondye mete li anba sanksyon pandan 7 ane. Sete yon sanksyon ki imilye li e ki degrade li.
  2. Nan peryòd sa, li te rive dekouvri:
  a. Bondye te kapab fè li tounen yon bèt 4 pat oubyen yon zwazo ak zèl si li te vle. Da.4:33, 34
  b. Bondye gen mont pa l pou l kontwole jou tout moun sou tè a. «Apre setan sa yo...» Da.4:34
  c. Sou tèt Babilòn, gen yon Bondye sou tèt lòt dye yo, Wa tout lòt wa yo. Da.4:35
  d. Piske Nebikadneza se wa, li ka fè dye ki sanble ak li menm, men se pa Bondye ki nan syèl la. Da.4:34
  e. Li limite nan panse li yo, li te regrèt konpòtman li e se pou premye fwa nan vi li, li te deside leve zye gade syèl la. Se nan moman sa li dekouvri fas Bondye epi li tounen gen konprann. Da.4:34

II. Retablisman li
1. Bondye te bay li konprann ankò. Da.4:34
2. Bondye te bay li pouvwa ak popilarite ankò. Da.4:36

III. Renonsman li
1. Li te konfese ògèy li. Da.4:36
2. Li te temwaye pou Bondye e li te rekonèt pisans Bondye sou tout moun ak sou tout bagay. Da.4:35
3. Li bay Bondye glwa nan mitan tout moun. Da.4: 34

Refleksyon
Eske Nebikadneza sove? Men wi! E poukisa pou li pa ta sove? Bondye di, sa mwen menm mwen vle, se pa pou mechan an mouri, men se pou konpòtman li chanje e pou li viv. Ez.33:11

Pou fini
Miséricorde insondable, Dieu peut-il tout pardonner?
Absoudre un si grand coupable,
Et mes péchés oubliés…
Kounyea eske ou vle pran yon desizyon? Si wi, di: «Jésus je viens, je viens à toi, tel que je suis prends-moi»

Kesyon

1. Konbyen tan wa a pase an sanksyon?

2. ki leson li te aprann nan moman sa?

3. Di ki desizyon li te pran pou Bondye te retire li nan eta sa.
   a. Li pwomèt Bondye lajan.
   b. Li pwomèt li yon plas pou li kòmandan an chef sou lòt dye li yo.
   c. Li te voye zye li gade syèl la pou Bondye ka pran pitie pou li.
   d. Li te fache ak Bondye ke li pat konnen an.

4. Cheke gras yo li te jwenn lan aprè li te finn konvèti.
   a. Bondye te bay li kapasite pou li konprann ankò.
   b. Tout gran ki nan wayòm lan te vote pou li retounen sou pouvwa.
   c. Li tounen yon gran pastè.
   d. Li vinn pi popilè.

5. Demontre ke li te genyen tout bagay yon kretyen ki konvèti.
   a. Li te konfese peche ògèy li.
   b. Li te rann temwayaj pou Bondye, e li te rekonèt pisans li sou tout moun epi sou tout bagay.
   c. Li te bay pòv tout lajan li te genyen.
   d. Li te bay Bondye glwa nan mitan tout moun.

Leson 11
Danièl ak kle mistè a nan men li

Tèks pou prepare leson an: Da.5:1-31
Tèks pou li nan klas la: Da.5:24-30
Vèsè pou resite: Men sa sa vle di. Konte: Bndye konte jou depi ou wa, li pral mete yon bout nan sa. Peze: Li mete ou nan balans, li jwenn ou manke pèz. Separe: yo pral separe peyi ki sou lòd ou a bay moun Medi yo ak moun Pès yo. Da.5:26-28
Mwayen pou fè leson an: Diskou, konparezon, kesyon
Bi leson an: Montre ki chatiman kap tann moun ki jwe ak zafè Bondye.

Pou koumanse
Ala bèl bagay lè yon nonm gen yon kouròn sou tèt li! Kiyès ki gen plis chans pase Belchaza? Yon jenn gason pou se ou menm kap gouvènen le monnn antye? Li benefisye twòn gran papa li Nebikadneza. Kouman li pwal jere bèl eritaj sa?

I. **Li koumanse ak yon gwo resèpsyon.**
   1. Se te yon bakanal, kote tout zotobre, gran chabrak yo ak pwostitiye li yo tap bwè. Da.5:2
   2. Lè li te sou tankou pipirit, li te vinn about ak kò li opwen ke li fè pote bay li tout gode ki te konsakre a Letenèl pou li bwè ak madanm li yo. Da.5:3
   3. Li te pwofite pou li selebre viktwa dye li yo sou Bondye Letènèl. Da.5:4, 23 Poutan se te yon viktwa anwo domen.

II. **Li te kontinye ak yon egzamen konsyans.**
   Bondye te parèt nan mitan debòch la: Anfas sèl grenn chandèl ki tap klere tou piti zak sal envite yo, yo tout wè yon men parèt li pran ekri sou miray palè a. Da.5:6

III. Ann wè manèv ki posib yo te fè pou deplase men li:
1. Tout bòkò ki nan wayòm lan pat ka li ekriti sen yo ni bouje yon sèl dwat Bondye.
2. Pyès priyè pat ka fèl bouje. Pyès bal pat ka pèse'l. Pyès gòm pat ka efase'l. Da.5:8
3. Sèl yon moun Bondye te ka li e konprann pawòl Bondye. Nan mitan deran sa, rèn lan te antre nan chanm fèt la e li te rekòmande Danièl bay wa a, sèl moun nan tout wayòm nan ki te kapab entèprete pawòl Bondye a.
4. Wa a te pè, li te bay Danièl twazyèm plas nan wayòm nan ak kèk lòt don ke Danièl te refize, paske li pa ka aksepte pote chay yon gouvènman ki fèb kap tonbe. Li te santi fòk li li pawòl Bondye a epi pou li bay esplikasyon li. Da.5:17

IV. Li fini nan degrengolad
1. Ann swiv ak Danièl lekti pawòl Bondye a. Se nan lang arameyen li te ekri konsa: «Mene, mene, tekel, upharsin» Eksplikasyon : konte, konte, peze, divize.
2. konte, konte: Bondye te konte nan mont li konbyen jou ki rete w, e li anonse ou rèy ou a pral fini byen bonè.
3. Peze: Bondye peze ou sou balans e li jwenn ou twò frivòl pou pèmèt ou mete men sal ou ak konsyans sal ou sou bagay Bondye ki sen yo.
4. Divize: wayòm ou an pral divize e se moun Mèd ak Pès yo kap genyen'l. Da.5:25-29
5. Menm jou saa, nan aswè, Dariyis te envayi palè wa Belchaza e li te touye li. Da.5:30

Pou fini
Dwat Bondye koumanse ekri sou miray lavi ou. Wap fè ensousyans, wap pèsiste nan movèz vi! Tande avètisman sa: talè konsa lanmò ap frape pòt ou! Prepare w pou w rankontre Gran Jij la.

Kesyon

1. Jwenn repons yo ki bon an
   Pou Belchaza selebre rive li sou tròn lan li te fè sa:
   a. Li te envite tout relijye nan yon seremoni aksyon de gras.
   b. Li te mande padon pou peche li yo.
   c. Li te pran vè sentsèn yo pou li bay mandanm li yo bwè.
   d. Li te egzalte viktwa dye li yo sou Bondye Izrayèl.

2. Cheke repons ki bon yo
   Pou deplase dwat Bondye
   a. Wa a te sonnen lanbi.
   b. Li te wouze dwat la ak dlo cho
   c. Rèn lan te rekòmande li Danièl, moun Bondye a.
   d. Wa te bay Danièl anpil privilèj.
   e. Li te itilize yon bouldozè ki nan travay piblik yo.

3. Site 3 pawòl ki rezime jijman Bondye sou wa a e sou wayòm li.
   Konte, pese, divize

Leson 12
Danièl ak pouvwa gran envizib la

Tèks pou prepare leson an: Da.6:1-28
Tèks pou li nan klas la: Da.6:1-10
Vèsè pou resite: Lè Danièl vin konnen wa te siyen lòd saa, l'al lakay li. Te gen yon chanm anwo sou teras la ak yon fennèt ki bay nan direksyon lavil Jerizalèm. Li monte, li mete li ajenou devan fennèt la ki te louvri, li lapriyè Bondye li jan li te toujou fè, twa fwa pa jou a. **Da.6:10**
Mwayen pou fè leson an: Diskou, konparezon, kesyon
Bi leson an: Montre kouman lavi nan lapriyè tout bon an fè nou gen lapè nan mitan danje.
Pou koumanse:
Danièl sete yon nèg ki te gen anpil enfliyans nan gouvèman wa Nebikadneza, Belchaza, ak Dariyis la. Kouman li te fè pou li pat antre nan konfyolo? Ann akonpagne Ewo Irak sa nan karyè politik li.

I. **Danièl an tèt nan biwo leta**
   1. Li te yonn nan 3 pi gran fonksyonè leta ke wa Dariyis te chwazi. Da.6: 2
   2. Poutan, li te depase kòlèg li yo tèlman nan konpetans ak nan onètete ke wa a te vle mete li premye minis sou 120 Eta ki nan wayòm nan. Poutèt pwomosyon sa li te ka genyen an, li te gen jalouzi ak rayisman 2 lòt kòlèg li yo. Pou rezon sa, yo te deside pou yo touye Danièl. Da.6:1

II. **Konplo kont Danièl.**
   Yo di fòk yo fè wa a pase tankou dye pou 30 jou ak pouvwa pou li touye, masakre tout moun ki pa dakò adore li. Dariyis te fè vit siyen ak kè kontan pwomosyon sa ke li pat atann. Da.6:9
   Dariyis podjab koupe bra dwat li san li pa konnen: Danièl ki poto mitan rejim nan, yo pral jete li nan fòs lyon yo daprè lòd wa a menm.

III. **Dispozisyon Danièl.**
1. Li tap chache mete telefòn selilè lapriyè li nan direksyon kote pou li jwenn pi bon siyal ki soti kote Bondye. Li te jwenn li nan fenèt chanm li ki bay sou lavil Jerizalèm, sa vle di nan direksyon Lès ak Lwès. Da.6:10
2. Sete nan pozisyon li te konn priye 3 fwa chak jou. Jou sa, sanble li tande Bondye kap di li: «Danièl, ka sa grav. Mwen sèlman gentan mete rad sou mwen. Map tann ou nan fòs lyon yo kote yo pral vinn jete'w. Na wè anbaa!»
3. FBI te sèkle kay Danièl la tou dousman. Yo te kole zorèy nan pòt li, sou miray li yo, pou yo te tande tout ti bri. Se lè sa yo bare Danièl ap priye Bondye. Domaj pou yo, yo pat ka tande konsiy Bondye te pase ak Danièl la. Da.6:10
4. Detektif sa yo kouri ale di wa a sa. Tout demach wa a te fè pou sove Danièl sete pou grenmesi. Se tout bon vre ke Daniel pral mouri paske lyon yo tap tann li pou devore l.

IV. **Yo jete Danièl nan fòs lion yo**
Li te pase nwit la nan Fò Dimanch Babilòn lan ak bèt sovaj yo. Men gwo lyon an te la: Lyon tribi Jida a. Sete Jezi. Li menm sèlman ki te ka antre nan fòs sa pou mete Danièl deyò.

V. **Danièl genyen viktwa sou tout lyon yo ak koulèv kap ranpe yo.**
1. Pandan Danièl ap wonfle nan fòs lyon yo, wa a li men li pat ka dòmi sou bèl kabann li. 6:18
2. Maten, byen bonè, li te ale nan kaj lyon yo pou di dèfen an kondoleyans. Men te gen yon vwa ki soti nan tonbo a, sete vwa Danièl. Wa a pat vle kwè nan sa li tande ak zòrèy li.6:20
3. Menm kote a, li te bay lòd pou retire Danièl epi al mennen li nan pòs li. 6:23,28
4. Yo jete tout flatè yo ak fanmiy yo nan fòs la. Lyon yo te manje yo byen vit paske yo soti pase tout yon nwit ap jene. 6:24

Pou fini
Se konsa malè mechan an pare pou lòt moun, se sou li li tonbe.

Kesyon
1. Jwenn repons ki pi bon an
   Anfas danje DSanièl tap chache sekou
   a. Bò kote zanmi li yo ki gen enfliyans.
   b. Nan eksperyans politik li yo.
   c. Nan depo zam li gen pou defann li.
   d. Nan direksyon Jerizalèm lan, lavil Bondye a.
2. Jwenn repons ki bon an
   Wa Dariyis te renmen Danièl
   a. Poutèt eksperyans politik li.
   b. Poutèt onètete li.
   c. Poutèt lanmou li pou Bondye.
3. Jwenn repons ki bon an
   Danièl te kandida pou pòs premye minis
   a. Paske li te trè popilè.
   b. Paske li te bay pi bon sèvis pase kòlèg li yo.
   c. Paske Bondye te ak li.
4. Jwenn repons ki bon an
   Chèf yo te bay wa a yon sètifika ki di li se dye
   a. Paske yo te renmen li
   b. Paske yo te vle bay li yon pwomosyon.
   c. Paske se te yon pyèj pou yo konplote lanmò Danièl.
5. Vre ou fo
   a. Wa a te pi renmen pouvwa li pase Danièl __ V __ F
   b. Lyon yo te bay Danièl chans paske li te konn bay yo manje. __ V __ F
   c. Danièl te priye paske li te nan danje _ V _ F
   d. Enmi Danièl yo pat konnen Lyon Tribi Jida a __ V __ F
   e. Lapriyè ka fèmen bouch lyon yo __ V __ F
   f. Lapriyè kapab fè wa yo tranble. __ V __ F
   g. Bondye kapab kite syèl la pou li vinn pote sekou menm pou yon sèl pitit li ki nan danje. __ V __ F
   h. Bondye toujou alè, li pa janm anreta. __ V __ F

Lis vèsè pou trimès la

Leson 1 **Ewo Irak yo nan lakou wa Nebikadneza**
Se pou limyè nou briye devan tout moun, pou lè yo wè tout byen nap fè yo, ya fè louanj papa nou ki nan syèl la. **Mat.5:16**

Leson 2 **Ewo Irak yo ak vi pansyon yo**
Lè ou gen krentif pou Bondye, ou déjà konprann anpil bagay. Lè ou soumèt devan Bondye, moun va fè louanj ou. **Pwo.15:33**

Leson 3 **Ewo Irak yo ak vi devosyon yo**
Nou pa bezwen pè mwen la ak nou! Nou pa bezwen kite anyen ban nou kè sote. Map ban nou fòs, map ede nou. Map soutni nou avèk fòs ponyèt mwen ki pa janm pèdi batay. **Eza.41:10**

Leson 3 **Ewo Irak yo ap reponn kesyon**
Se Bondye ki tout pwoteksyon nou, se li menm ki tout fòs nou, li toujou pare pou ban nou sekou lè nou anba tray. **Sòm.46:1**

Leson 4 **Ewo Irak yo nan libète pwovizwa**
Men mesaj Segnè a voye pou zowobabèl: Se pa avèk vanyan sòlda ou yo,ni avèk pròp kouraj ou ou pral rive nan sa ou gen pou fè a, men se avèk pouvwa lespri pam map ba ou a. Se Segnè ki gen tout pouvwa a menm ki di sa. **Za.4:6**

Leson 5 **Rèv wa a revele epi esplike.**
Paske Segnè a, pap janm fè anyen san li pa fè pwofèt yo moun kap sèvi'l yo konnin. **Am.3:7**

Leson 6 **Revelasyon rèv wa a ak esplikasyon li**
Paske Segnè a, Letènèl pa janm fè anyen san li pa revele sekrè li a sèvitè li yo, pwofèt yo. **Am.3:7**

Leson 7   Rèv wa modifye, korije epi ogmante.
Nou pa bezwen pè moun ki kapab toue kò nou men kip a kapab touyen nanm nan. Se Bondye pou nou pè pito, paske se li menm li kapab detwi nanm nou ansanm ak tout kò nou. **Mat.10:28**

Leson 8   Entèvansyon katriyèm nan.
Zanj Segnè a kanpe bò kote tout moun ki gen krentif pou li, pou pwoteje yo, pou delivre yo lè yo nan danje. **sòm.34:8**

Leson 9   Echèk wa Nebikadneza
Segnè a ki anwo na syèl la. Men, li wè moun ki soumèt devan li, li rete byen lwen, li rekonèt moun kap fè grandizè yo. **sòm.138:6**

Leson 10   Soumisyon wa Nebikadneza
Kounyea, mwen menm Nebikadneza map feè fèt pou wa ki nan syèl la, map fè louranj pou li, map di jan li gen pouvwa. Tout sa li fè bon li paf è paspouki pou pèsonn. Li konn jan pou l fè ak moun ki kite lògèy vire tèt yo. Lap desann kòlèt yo. **Da.4:37**

Leson 11   Danièl ak kle mistè a
Men sa sa vle di. Konte : Bondye konte konbyen jou ki rete ou, li pwal mete yon bout nan sa.
Peze : li mete ou nan balans li jwenn ou manke pèz.
Separe : yo pwal separe peyi ki sou lòd ou a bay moun medi yo ak moun pès yo. **Da.5: 26-28**

Leson 12   Danièl ak pouvwa envizib la
Lè Danièl vinn konnen wa a te siyen lòd sa, li ale lakay li. Te gen yon chanm anwo sou teras la ak yon fenèt ki bay nan direksyon lavil Jerizalèm. Li monte, li mete ajenou devan fenèt la ki te louvri, li lapriyè Bondye jan li te toujou fè, 3 fwa pa jou a. **Da.6:10**

Leson espesyal: Refòmasyon an

Tèks pou prepare leson an: Jn.4:35; Travay.20:24; Wo.1:17; Fil.3:13-14; Kol.1:27

Tèks pou li nan klas la: Wo.1:15-17

Vèsè pou resite: Jn.4:35

Mwayen pou fè leson an: Konparezon, diskisyon, kesyon

Bi leson an: Fòme lidè nan legliz

Pou koumanse

Nan peryòd ki gen gwo mizè oubyen mou nap mennen vi devègonde ak yon vi lwen Bondye, te toujou gen yon moun ke pèp te kap koute ki parèt. Martin Luther te parèt nan tan pa li e li te leve ak mato refòm lan nan men li, pou dechouke yon relijyon ki pat gen Kris ladan. Relijyon Pwotestan an soti nan mouvman sa. Se sa ki mennen nou jodia pou n' konsidere ki sa yon refòmatè ye.

I. Yon moun kap redrese tout sak pat dwat

1. Li wè tout sa pou l' korije. Li fè rechèch sou bagay li dwe pale de li.

2. Li chèche wè moun ki te la avan li yo epi tou li egzaminen konsyans li.

3. Li klase tout dokiman li jwen nan rechèch li yo.

   Martin Luther te yon prèt katolik nan zòd Augustin. Li tap dirije yon ti chapèl nan bouk Wittenbèrg. Yon jou, gen yon fidèl nan pawas la ki te pote bay li yon dokiman ki te rele Indiljans. Li sot achte li nan men Tetzel yon anplwaye lepap. Dokiman sa se te pou padon peche li yo. Dokiman nan di konsa: lè lajan an tonbe nan kès lepap, nanm moun ki mouri a soti nan pigatwa pou ale nan syèl. Luther te vekse pòu sa. La menm, li ekri 95 pwotestasyon e li kloure yo sou pòt legliz li nan Wittenberg. Sete pou denonse erè ki genyen nan legliz Katolik la. (Gade nan liv Torche Brulante, Livre du maitre nimewo 2 pou nou jwen 95 pwotestasyon sa yo)

II. **Lidè se yon moun ki gen vizyon**
Li pa wè fanmiy li avan, ni lajan lap touche, ni pwòp tèt pa li, men li wè Delivrans pèp li a ak tout lòt moun kap soufri. Nou kap pran Martin Luther King pou egzanp. Li te anvi wè peyi Etazini tounen yon peyi kote tout pitit peyi a te kapab viv alèz, nenpòt koulè yo genyen. Yon lidè dwe pou l louvwi je l byen gran pou l chèche la vi miyò pou pèp li.
Se pou rezon saa Jezi te di disip yo:
Gade jaden yo byen, Grenn yo fi n mi . Yo tout bon pou ranmase. Jan.4:35

III. **Lidè se yon moun ki kanpe sou desizyon l**
Nan komansman sèzyèm syèk la, bib la pat ankò popilè. Luther rive dekouvri ke ou kapab gen Sali a sèlman pa lafwa. Lè yo mande l pou l renye liv doktrin li yo ak kòmantè biblik yo, Luther di yo: «Si nou vle pou m deziste, se pou nou pran Bib la pou nou korije m. Si nou pa kapab, ke Bondye li menm pran sa sou kont li».
Pòl t va di: « Mwen pa pran lavi m' pou anyen, se kòm si li pat gen okenn valè pou mwen…Li te riske vi l' pou defann Levanjil Kris la. Se li ki ban nou espwa, nou gen pou n' patisipe nan bèl pouvwa Bondye.» Ak.20:24; Kol.1:27
Li ale pi lwen ak panse li yo. Mwen bliye sa ki dèyè m' yo pou fikse je m' sou moun ki devan lan (Kris la), map kouri dwat nan kous mwen pou m' ka resevwa rekonpans Bondye sere pou mwen grenmesi JeziKri. Filipyen.3:13-14

Rezilta:
1. Mouvman pwotestan te fèt e li gaye nan tout le monn. Se pa de moun ki sove...
2. Bib la preche libète nan peyi moun ki pi sovaj yo, moun peyi Polinezi yo, Melanezi yo, moun Mikwomezi yo, nan peyi Hawai
3. Yo resite NotrePere nan lalin nan dat 20 Jiyè 1969

Pou fini
Si ou pa gen yon vizyon espirityèl, leve je w' gade. Jan.4: 35

Kesyon
1.   Idantifye kalite yon refòmatè genyen.
     Li la pou redrese-__ li se yon chofè__ li se yon vizyonè _li pale
     anpil _ li sakrifye tèt li pou yon pèp

2.   Koche repons ki bon an
     Moun nan ki te vann Liv indiljans la te rele__ Michel__ Tetzel
     __ Rafayèl.

3.   Vrè oubyen fo
     a.   Martin Luther se te papa Martin Luther King.
          __ V __ F
     b.   Toussaint Louverture se te yon lidè ameriken.
          __ V __ F
     c.   Mouvman pwotestan an soti nan refòmasyon
          __ V __ F
     d.   Yon vizyonè wè tèt li avan. __ V __ F

DIFE K AP VEGLE ZYE W LA

Seri 4

Eske lè w sove ou sove nèt?

Avangou

Se yonn nan kesyon ki pi difisil pou reponn nan Bib la. Gen moun ki kwè ke ou sove jodia men ou kap pèdi nanm ou denmen. Gen lòt moun ki kwè ke lè w sove ou sove nèt. An nou louvri Bib la pou klere nou.

Renaut Pierre-Louis
Lotè liv la

Leson 1
Ki jan Bondye li menm li wè lòm?

Tèks pou prepare leson an: Jen. Chap. 1, 2, 3; Ex.33: 17-23; Ep.2: 22; 1Tès.5: 23

Tèks pou li nan klas la: Jen.1: 26 -31

Vèsè pou resite: Bondye di: Ann fè moun, nap fè l pòtre ak nou, pou li sanble ak nou. L'a gen pouvwa sou pwason ki nan lanmè yo, sou zwazo ki nan syèl la, sou bèt yo gade, sou tout latè, sou tout bèt nan bwa, sou tout bèt ki trennen sou vant sou tè a. Je.1: 26

Fason pou fè leson an: diskou, konparezon, kesyon yo
Bi leson an: Prezante lòm tankou pitit Bondye

Pou komanse
Eske nou sonje ke Lòm se yon kreyati èspesyal Bondye te kreye? Eske nou sonje tou ke nou pa kapab pale de la tè san nou pa pale de lòm ? Poukisa?

I. Lòm se yon fotokopi Bondye.

1. Bondye, nan dyalòg ak tèt pa l, te di: "Ann fè lòm pòtre ak nou" Jen.1: 26. Li te fè li dapre li-menm menm. Lòm se pòtre ak Bondye. Si lòm ka egziste, se paske Bondye li menm li egziste. Si pòtre Bondye se yon reyalite, Bondye li menm se yon reyalite. Ou p'ap ka nye oswa admèt yon san lòt. Lòm se bitasyon kote Bondye fè la desann an espri. Ep.2: 22
   An n gade ki jan Bondye fè depans nan lòm:
   Bondye te mete nan li yon seri de pwogram pou li te kap aji menm jan Bondye li menm li aji. Konsa, lòm kap kominike ak Bondye e ak lòm parèy li. Ni distans, ni sikonstans pap bay li baryè nan sa. Jen.1:26
2. Kò a, se bwat la ki pote tout pati yo ki èspesyal pou fè lòm fonksyonen. Se tèt la ki gen sèvo ak tout sans lòm : li kap wè nan zye li, tande nan zòrèy li, santi nan twou nen li, li kapab goute ak lang li, e li kap touche tout bagay ak men li.

3. Nan bout mitan an li gen lèstomak li, li gen trip yo ak poumon yo, li gen tou de bra pou li fè mouvman e pou li kapab travay tou.
4. Li gen fakilte sikolojik yo tou ki fè lòm diferan de bèt yo: Li gen entelijans pou l konprann, li gen nen fen pou lide li avèti li de yon bagay ki pral rive. Li gen volonte poul chwazi, li gen santiman pou l apresye, li gen memwa pou l sonje sa ki te pase. Li gen konsyans pou di l si li fè byen ou si li fè mal. E li gen yon depo anba konsyans la ki kapte bagay ke lòm pa menm rann kont de yo. Se yo ki parèt nan yon tan nan la vi li ou byen nan rèv lap fè. Tout sa yo se fakilte ke Bondye mete nan nou pou nou kap fonksyonen, pou nou sa korèsponn avè l.
5. Pawòl ki soti nan bouch nou se yon fason pou di sa ki soti nan kè nou. Sèvo nou se katye general desizyon yo nou konn pran an.
5. Tout sa pa tap vo anyen si Bondye pat mete souf li nan nou. Bèt yo respire men yo pa gen souf Bondye nan la vi yo. Jen.2: 7 Ou pa janm tande kote yon bourik di a yon mal bourik parey li « men ki rèv mwen fè yè oswa ni yon chyen kap plenyen pou di zo yo manke vyann ». Yo pa gen okenn santiman yo kap esprime tankou lòm. Lòm gen twa (3) pati ladan: se kò, nanm ak lespri. 1Tès.5:23

II. Yon nonm se reprezantan Bondye li ye.

1. Li se asosye Bondye. Li la tankou jeran planèt. Li reskonsab zak li yo devan Bondye. Li pa yon wobo, men yon moun lib devan papa Bondye ki te kreye l.Jen.1 :26-31
2. Li se yon bèt ki depase tout bèt yo paske li gen larezon.
a. Akòz de sa, li dwè fè jan li kapab pou li pran reskonsablite li, e rann kont a Bondye de travay li:
b. Li dwe konsève plant yo ak bèt yo selon kalite yo. Li dwe devlope nati a, fè l pi bè l, ranje l yon fason pou rann li sèvis.
3. Li dwe rann Bondye kont sou fason li jere la tè e fason li viv ak pwochen li, dapre don ke Bondye bay li.

a. Konsa li dwe renmen frè li, e fè l dibyen.
b. Li dwe bay Bondye ladim nan byen li yo.
c. Li dwe fè l 'yon rapò sou fason li jere planèt la. Jen.2:15
d. Li dwe rann glwa a Bondye ki patwon li, pou bonte li ki san parèy.

III. Lòm se pitit Bondye tout bon

1. Lè li te nan jaden Edenn lan, li te vlope nan bèl glwa Bondye. Li te kouvri la tèt o pye ak Lesentèspri. Nou konprann sa byen paske l te kapab wè Bondye vizavi. Jen.3:8 Nou pral wè pi ta ke limanite va pèdi privilèj sa. Gade sak te pase Moyiz nan. Bondye te di l ke moun sou latè pa kapab wè figi l pou l kontinye viv apre sa. Egz 33: 20

2. Bondye fè lòm 'konfyans, pou remèt li tout bagay nan men l, kòm jeran sou tout planèt la.Jen.1:26

3. Se te tout yon fason pou li te evalye maturité lòm. Adan p'at konnen ke pou yon moun gen endepandans li dwe obeyi Bondye nan tout bagay.Jen.2:16-17

4. Adan pa t'ap fè rèv. Li tap viv nan yon gwo reyalite. Li pat bezwen lapriyè paske li te posede tout bagay. Bondye te avè l, men li pat jennen li nan anyen pou li pat pran yon ti kras nan libète l. Tout pitit Adan te fè nan kondisyon saa, yo te sen e yo te rele pitit 'Bondye. Yo te gen menm esans èspirityèl la ke Bondye li menm li genyen.Jen.6:2

Se tout demach sa yo Bondye li menm li te fè pou li te mete lòm nan gou pa l sou planèt la.

Pou fini

Si bagay yo te ka rete konsa? An verite, mwen pa tap la pou m di tout koze sa yo.

Kesyon

1. Si yo ta di w ke se makak ki fè w ki sa ou ta replike ?
   Lòm se potre Bondye. Bondye pa makak, nou pa makak tou.

2. Konbyen pati lòm gen nan li?
   Li gen (3) twa pati: se kò, nanm ak lèspri
   Ki moun kap kontwole yo?

3. BondyePouki sa Bondye fè lòm lib?
   Se pou Lòm ka kominike alèz ak li.

4. Ki devwa nou kòm reprezantan Bondye a? Fè lwanj pou
   Bondye Trete frè nou ak bonkè. Jere byen Bondye bay nou ak
   fidelite.

5. Vre ou fo
   a. Adan te kon la priyè __ V __ F
   b. Adan te konn wè Bondye epi li viv_   V_ F
   c. Bondye gen yon kò tankou nou menm _ V _
   d. Pitit Adan te fè yo avan li te chite te rele Pitit Bondye
      __V__F
   e. Pitit Adan te fè apre li te chite te rele Pitit lezòm.
      __ V __ F

Leson 2
Ki jan plan Sali a ye

Tèks pou prepare leson an: Jen.3 :20-21; Lik.17: 21, 19: 10; Jan.3: 16; 14 :15-20; Jc.4: 5

Tèks pou li nan klas la: Lik.19 :1-10

Vèsè pou resite: Pa konprann se pou anyen yo ekri pawòl saa nan Liv la : Bondye si tèlman renmen lespri li mete nan nou an, li fè jalouzi pou li. **Jak.4: 5**

Fason pou fè leson an: Diskou, konparezon, kesyon yo

Bi leson an: montre ki plan Bondye deplwaye pou delivre lòm anba malediksyon peche li yo.

Pou komanse

Bondye te kreye premye paran nou yo ak tout kapasite Bondye limenm li genyen pou li fonksyone. Adan te yon moun lib e reskonsab. Malerezman, li p'at konnen ke tout libète san Bondye se yon prizon. Ki konsekans sa te genyen ladan?

I. **Bondye te oblije fè yon demach pou sove lòm. Je.3: 21**
  1. Te gen yon jou ki rive, Adan ak Ev te pran yon desizyon san volonte Bondye. Yo te manje nan fwi Bondye te defann yo manje a. Nan yon senp tès yo pat pase. Depi lè saa, glwa Bondye soti sou yo e yo te vinn toutouni. Pou kouvri peche yo, Bondye, te touye yon bèt, li pran po li pou kouvri yo. Konsa gen yon san ki vèse pou sove lòm. Adan ak Ev ta dwe konprann ke san ki koule a se te kondisyon pou sove lavi yo. Jen.4: 21; Wom.3: 32
  2. Nou tout, nou érityé jè m peche premye paran nou yo. Kòm Ev, se manman tout moun k'ap viv» yo, konsa nou érityé tout move mès premye paran nou yo . Je.3: 20 Nou tout nou pèdi. Konsa, tout Bib la te kapab rézimé nan yon kesyon: "Adan, kote ou ye,? "Sa vle di Bondye ap chèche lòm. Repons la soti nan bouch Jezikri ki te soti nan syèl la.Li di « mwen vin cheche epi sove sa ki te pèdi.a » Jen.3: 9, Lik.19: 10

II. **Jezi vin sove limanite gras a yon ak li poze pou tout moun.**
   1. Lè Jezi di "ke li vin chache e sove sa ki te pèdi a, li p'ap pale
      de yon bagay, men de lòm. Li vle pale de Bondye ki vle
      retwouve pwòp tèt li nan lòm. Sa kifè nou moun, se souf
      Bondye nan nou. Se Espri sa ke lemonn pa kap resevwa
      paske yo pa konnen l, yo pa konprann manifestasyon l.
      Jan.14: 17
   2. Pou fè lòm retounen jan l te ye avan li te chite a, lak`oz yon
      gwo depans. Bondye pa kapab voye yon lespri ki pi ba pase
      l pou sove lòm. Si se te sa, zanj sa ta pi fò pase Bondye pou
      sove Bondye. Menm si yo ta mete le monn antye a la vant,
      kòb la pa tap sifi pou sove menm yon nanm. Puiske mal la
      gaye nan lemonn antye, fòk gen yon vaksen, yon renmèd
      pou sove le monn antye. Se poutèt sa Bib la di ; « Bondye
      tèlman renmen lemonn ke li bay pwop pitit li Jezikri pou
      sove nenpòt moun ki kwè. Li pap peri, men lap gen la vi
      etènèl. Jan 3: 16. "
   3. Mwen ta ka tradui l konsa avèk apòt Jak: Bondye ap fè
      jalouzi, pou Lespri li li mete nan nou. Li pa vle lòt moun
      pran l. Se sa ki fè li vin sove nou pou nou kap aprann fè l
      konfyans. Depi lè sa, li fè rezidans nan kè nou pou li dirije
      nou gras a Sentespri li ; konsa zak malonèt Adan an pap sa
      repete ankò.
      Jan.14: 20; Lik.17: 21; Jak.4:5

Pou fini
Si nou te konnen konbyen Jezi renmen nou, Si nou te konnen
konbyen Levanjil la dous! Nou pa ta gade richès sa pou nou-menm
sèl, men nou ta ofri l bay tout moun toupatou.

Kesyon

1. Ki te kondisyon espirityèl Adan nan jaden Edenn lan? Li te kouvri ak bèl glwa Bondye a

2. Ki sa ki te rann li toutouni? Lòske li te dezobeyi, li vin depouye de glwa Bondye.

3. Ki sa Bondye te fè pou repare fòt Adan ak Eve? Li te vèse san yon bèt pou jwen po bèt la pou kouvri yo

4. Ki sa sa vle di: "Adan, kote ou ye ?» Bondye, kap chèche lòm pèdi

5. Kote nou jwen repons la? Lè Jezi vini chache e sove sa ki te pèdi a

6. Ki sa ki te pèdi? Esans Bondye menm, sa ki te fè lòm kap fonksyonen an

7. Poukisa Bondye pat voye yon zanj pou misyon saa ? Paske Bondye pat kapab voye mwens ke li menm pou sove yon pati de li menm.

8. Poukisa Bondye te fè tout frè sa yo ? Paske lap fè jalouzi pou nou akòz li mete lèspri li ki enpotan nan nou.

Leson3
Yon Sali lapoula

Tèks pou prepare leson an : Mat. 25: 41; Lik.9: 23, 23: 43; Jan.3: 16, 36; Ga.2: 20; Ep.2: 8; Col.3: 2; 1Tès.5: 23; 1Jan.5 :10-13; Ju.24
Tèks pou li nan klas la: Lik.9: 23-26
Vèsè pou resite: Paske Bondye sitèlman renmen lèzòm li bay sèl Pitit li a pou yo. Tout moun ki va mete konfyans yo nan li pap pèdi la vi yo. Okontrè ya gen la vi ki pap janm fini an. **Jan.3: 16**
Fason pou fè leson an: Diskou, konparezon, kesyon
Bi leson an: Montre ke w sove depi menm lè ou kwè nan Jezi pou sovè pèsonèl ou.

Pou komanse
Nou te wè ki jan Bondye te fè tout bagay pou garanti Sali nou. Nou dwe sèlman sonje ke Bondye pa janmen, janmen, janmen detwi libète nou an. Nou toujou gen dwa refize sa li ofri nou. Nou kap konprann poukisa kèk moun refize resevwa lavi etènèl, ke Bondye ofri yo gratis.

I.   **Ki kalite Sali nap pale de li a?**
1.   Se yon Sali tout bon vre, yon Sali li fè w kado depi menm lè ou kwè nan Li.Jan.3: 16, 366; 1Jan.5:10-13
2.   Yon Sali pou toutan, ki p'ap janm fini. Jan.10: 28
3.   Puiske li gratis, li pa depann de jefò nou, men li soti nan genewozite Senyè a. Ep.2 :8-10
4.   Se yon gran sali. Li pou tout moun. Li ta va yon gwo erè si nou ta meprize l. Ebre.2 :3-4
5.   Sali sa li otomatik: bon larwon sou kwa a pat gen okenn zèv pou l te fè pou li te kap sove. Jezi di l ': Jòdia menm, ou pral avè m' nan paradi a. Li t'ap pale de nanm li, li pat pale de kò li 'ki ta kapab antere, boule, chiré menm si w ta vle. Men, nanm li te sove. Lik. 23: 43

II. **Ki desizyon nou kap pran ak Sali saa ?**
1. Men bon desizyon nou kap pran
   a. Desizyon nou pran pou swiv li a se yon bagay volontè.
      Li p'ap fòse nou. Lik. 9: 23
   b. Desizyon nou pran pou sèvi l, se yon bagay volontè. Li
      p'ap fòse nou. Wo.12: 1
   c. Desizyon nou pou nou mete nou apa pou li, se yon bagay
      volontè. Li p'ap fòse nou. Ga.2: 20
   d. Desizyon nou pou nou mouri pou li, se toujou yon zak
      volontè; Li p'ap fòse nou. Col.3: 2 Li sifi pou nou kwè
      nan sa Jezi reprezante a. Jan.8: 24
2. Men move desizyon nou kap pran
   a. Nou kap deside pou nou bay li kout ba. Li p'ap fòse nou.
      Sepandan, li menm, lap rete fidèl. 1Tès.5: 23
   b. Nou kap deside pou nou bandonen l. Li p'ap fòse nou.
      Sepandan, li pral fè tout sa ke li konnen pou anpeche
      nou tonbe nan peche. Jud.24
   c. Men, si yon moun fè jouk tan Bondye bouke avè l, li pral
      voye l nan lanfè ki pat prepare pou li, men pou Satan ak
      move zanj yo. Mat.25: 41

Pou fini
Kesyon sa a, li ijan. Ki sa wap deside zanmi m'?
Kesyon
1. Ki kalite Sali Jezi bay nou?
   Yon Sali aktyel, definitif, etènèl
2. Konbyen sali sa koute nou? Anyen
3. Kijan pou nou jwenn li ?
   Nou dwe kwè nan Seyè Jezi pou sovè nou.
4. Eske Bondye fòse nou pou nou swiv li? Non
5. Eske Bondye fòse nou sèvi l? Non.
6. Ki sa li fè pou kenbe nou nan chemen Sali a ? Li
   pwoteje nou pou nou pa tonbe nan bafon peche.
7. Kisa kap rive, malgre tou sa Bondye fè pou nou pa chite, epi
   nou deside kite l kan menm ?
   Nou pral boule nan lanfè ak Satanledyab ak tout
   zanj li yo.

Leson 4 - Kretyen yo, sitwayen nan Site selès la

Tèks pou prepare leson an. Lik.9: 62; Jan.8: 36; Wo.8: 1; 1Co.6 :2-3, 9: 27; 2Co.5: 19; Col.3: 15; Ebr.2: 3, 10: 39; 1Pi.2: 9; Ap.1 :5-6
Tèks pou li nan klas la: Ep.2 :11-18
Vèsè pou resite: Men koulye a, nan Jezi-Kris, nou menm ki yon lè tap viv lwen Bondye, nou vin toupre l gremesi san Kris la ki koule lè li mouri pou nou an. **Ep. 2: 13**
Fason pou fè leson an: Diskou, konparezon, kesyon yo
Bi leson an: Raple kretyen yo ki privilèj yo genyen nan Jezikri.

Pou komanse
Eske nou konnen ke amou Bondye gen pou nou pa gen konparezon? Pou byen konprann sa, se pou nou konpare privilèj nou gen nan Levanjil ak privilèj sitwayen women yo te gen nan tan lontan.

I. **Sou zafè Dwa sitwayen women yo**
    Lè Nouvo Testaman an te ekri a, peyi Palestin te yon koloni women. Lwa women an di ke pou yon moun ta sitwayen women, fòk li te women ki fèt nan peyi women ou byen yon èsklav ki achte dwa saa , ou byen yon èsklav mèt li vle bay li libète. Ak dwa sa yo, ou kapab vote, posede, ou marye; ou kap jwenn privilèj nan gouvènman women an. Konsa moun yo kipa women, yo rele yo hostès ou byen pérégren. Yo pat gen dwa mete pye yo nan lavil Wòm. Yo dwe rete a 500 kilomèt de vil saa.

II. **Sou zafè Dwa Kretyen yo**
    Pòl te bay ilistraksyon saa pou montre kondisyon payen yo ki pa te ka pwoche bò kote papa Bondye. "Depi lontan nou te san Kris, nou pat gen dwa yon sitwayen tankou pèp Izrayèl la, nou te etranje (hostes) nou pat gen privilèj pwomès la ; nou te san zespwa, san Bondye nan lemonn. Pou byen di, nou te tankou Hostès yo ak peregren devan vil Wòm nan. Men, kounyea, nou

ki te byen lwen, nou vin rapwoche gras a san kris la ki te vèse pou tout moun. Se li ki peye pri a pou bay nou tout libète. Jan.8: 36; Wo.8: 1

III. **Privilèj yon kretyen genyen nan Jezikri.**
1. Nou gen dwa pou antre nan entimite ak wa a. Nap viv koulye a nan sekrè Bondye. Nou se yon ras Bondye te chwazi, yon nasyon ki apa pou Bondye, yon pèp li rachte. 1Pi.2: 9
2. Dwa pou nou gen gwo pozisyon espirityèl devan lemonn. Bondye mete nou pastè, anbasadè, minis rekonsilyasyon, nasyon apa pou Bondye, moun ki gen gwo privilèj. 2Ko.5: 19; 1Pi.2:9;Rev.1:5-6
3. Dwa pou pi gwo fonksyon nan syèl la. Nou va talè gwo jij pou jije menm zanj rebèl yo, ansanm ak lemonn ki te refize konvèti yo. 1Ko.6 :2-3
IV. **Ki reskonsablite nou gen devan Dwa sa ?**
1. Nou dwe kenbe pa lage. Se yon jan pou jistifye konfyans ke Bondye te fè nou an, lòske li bay nou Sali a gratis. Wo.12: 1 Pòl li menm li di: "Mwen bliye sa ki dèyè, m 'ap gade devan, map kouri pou m sa genyen pri ke Jezi ap bay nan syèl la. " Jezi di yo: Moun ki mete men nan travay li epi kap vire gade dèyè, moun konsa pa ka sèvi nan peyi kote Bondye wa a. Lik.9: 62
2. Nou dwe montre rekonesans nou pou tout sa Bondye fè pou nou gras a Jezikri. Kol.3: 15b
3. Nou dwe montre rekonesans nou a Bondye pou nou mache temwaye sa li fè pour nou. Ebr.2: 3 Yon Pòl ta di: "Mwen aji di ak kò mwen, mwen kenbe l kout, pou mwen menm yo pa voye m jete apre mwen fin moutre lòt yo sa pou yo fè.1Ko.9: 27 Konsa, pou bò kote Bondye, Sali a, se yon kado gratis; li bay ou l nèt. Pou bò kote lòm, Sali se yon chwa. Nou konprann koulye a, pouki sa, moun nan ki ekri lèt a Ebre yo di: "Nou menm, nou pap fè tankou moun sa yo kap tounen dèyè, kap pèdi tèt yo. Nap fè tankou moun ki gen fèm

konfyans nan Bondye, moun kap delivre nanm yo. "Ebre. 10: 39

Pou fini

E kounyea, puiske nou gen limyè, ke nou déjà goute gras Bondye a, ke nou gen le Sentepri nan nou, ke nou gen kat rezidans Jezi bay pou syèl la, eske nou pral pase privilèj sa nan tenten? Repons la nan men nou.

Kesyon

1. Ki sa Palestin te ye nan tan apòt Pòl ?
   Se te yon koloni sou kont gouvèman Wòmen

2. Kisa òstès yo te ye ?
   Esklav anba anperè women yo.
   A ki distans yo te dwe viv de vil Wòm nan?
   500 kilomèt

3. Akisa Pòl konprare moun ki pa konvèti yo ?
   A moun ki pa gen okenn dwa pou prezante devan Bondye

4. Ki sa ki bay yo dwa pou pwoche devan Bondye ? San Jezikri

5. Di ki nouvo non kretyen yo genyen
   Anbasadè, Minis, pastè, pèp privilèjie, jij

6. Kijan nou dwe jwi dwa sa?
   Ak rekonesans nan kè nou anvè Bondye

7. Ki jan pou nou apresye dwa sa yo ?
   Nou dwe pèsevere, montre rekonesans anvè Bondye, obeyi a Pawòl li.

8. Di ki jan Bondye ak lòm wè Sali a
   Pou Bondye se yon kado li ye. Pou lòm se si w vle pran l, ou pranl.

Leson 5
Ki plas zèv yo nan zafè Sali nou an

Tèks pou prepare leson an: Mat. 6 :3-4, 7: 21; 10:42;1Ko.9:25;3:12-15; Ga.2:20; Ef.2 :8-10; Fil.2; 12; 2Ti.4:8
Tèks pou li nan klas la: Ef.2:1-10
Vèsè pou resite: Se paske li renmen nou kifè li delivre nou , nou menm ki mete konfyans nou nan li. Sa pa sòti nan nou menm menm,se yon kado Bondye ban nou. Non, nou paf è anyen pou sa. Konsa pèson pa kap vante tèt yo. **Ef.2 :8-9**
Fason pou fè leson an: diskou, konparezon, kesyon
Bi leson an: Retire nan tèt kretyen yo lide ke moun kapab sove pa zèv yo fè.

Pou komanse
Gen yon mo moun konn di : « Se pou w ede Bondye pou Bondye ede w » Sali nou an pa gen sa ladan. Ki jan pou nou konsidere zafè zèv la nan istwa Sali nou an ?

I.   **Men plas zèv la nan istwa Sali nou an :**
     Sali nou pa depann de zèv nou, men pito de mizerikòd Bondye. Ef.2: 8
     1. Jezi p'at rele nou pou nou fè anyen, men pou konstate tou sa li te déjà fè pou sove nou. Paske, jou li te rele nou, nou te bouke anpil, nou te chaje. Se konsa li rele nou pou bay nou repo. Tout bagay te déjà akonpli pou nou sou lakwa. Travay nou gen pou fè, se sa li te prepare alavans afen ke nou kap fè yo. Ef.2: 10
     2. La ankò, sa se pa nou ki fè, men se li ki fè tout bagay nan nou. Gal. 2: 20

II. **Kilè zèv nou yo konte?**
     1. Lè Sentespri a depouye nou, lè li sanktifye nou. Gen yon moman kap rive pou kretyen an di:
         Koulye a, si map viv, se pa mwen menm kap viv , men se Kris kap viv nan mwen.

"Si map fè, se pa mwen kap fè, men se Kris la kap fè nan mwen. Si map aji, se pa mwen menm kap aji, men se Kris kap aji nan mwen. Ga.2: 20
Menm la ankò, Bondye pa retire libète nou. Se nou ki pou deside si nap suiv li. Li pa fòse nou. Se lè sa zèv nou yo konte e se lè sa tou gen rekonpans pou yo.

2. Lè nou fè sa ki byen a frè parèy nou yo nan non Jezi. Mat. 10: 42

3. Kan nou vizite malad yo, prizonye yo, kant nou bay pòv yo kichòy, sila yo Jezi rele "pi piti nan frè li yo" 1Ko. 9: 25; 2Ti.4: 8

III. Ki lè zèv nou yo pa konte ?

1. Kan nou kwè ke se zèv nou ki bay nou dwa pou antre nan syèl la. Sonje ke Sali a se yon kado Bondye ke nou resevwa pa la fwa, ke nou genyen gras a sakrifis san Jezu sou la kwa. Kant a kouròn, se yon rekonpans nou gen pou bon zèv nou yo. 1Ko.3: 15

2. Lè nou fè yo pou nou fè wè, pou chache atansyon lòm, oswa pou moun ka aplodi nou. Mat. 6 :3-4
Sonje byen ke zèv ki pa gen eprèv pa gen prèv non plis. Fòk yo pase nan dife lasoufrans epi pou yo reziste jiska la fen. 1Ko.3:12-15

3. Lè nou fè zèv yo, ak move entansyon oswa ke nou tap viv nan fè sa ki mal. Mat.7: 21
Zafè chase move lespri, geri malad, pwofetize nan non Jezi, preche Levanjil, tout bagay sa yo bon, men yo yonn pa kalifye nou pou mennen nou nan syèl. Nou pa kap vini ak sa nan dènye jou pou kraponen Jezi.

Pou fini

Malè w si ou kwè ou pral nan syèl paske ou te travay nan legliz, ou te kontribye anpil ak aktivite ou ak lajan w. Mwen ta mande w pou w vini a Kris kounyea pou jwen Sali a gratis. Konsa Jezi li menm va itilize w pou fè zèv nan gou pa l.

Kesyon

1. Ki kantite zèv pou m fè pou m al nan syèl ?
   Ou pa bezwen fè yonn menm

2. Ki fason Sali m nan te peye ?
   Pa mwayen sakrifis Kris sou bwa kalvè a

3. Ki sa Bondye ap espere de nou ?
   Pou nou kap fè zèv li te déjà prepare pou nou fè.

4. Kilè zèv nou yo konte ?
   a. Kan Lesentespri depouye nou pou l abite nan nou.
   b. Kan nou fè tout bagay pou bay Jezikri glwa
   c. Kan nou fè yo ak bon entansyon

5. Kilè zèv nou yo pa konte ?
   a. Kan nou kwè ke se zèv nou kap sove nou
   b. Kan nou gen move lentansyon
   c. Kan nou fè yo ak vanite nan kè nou

6. Ki sa Bondye bay nou gras a la fwa nou?
   Li bay nou Sali a gratis.

7. Ki sa Bondye ap bay pou bon travay nou yo ?
   La bay nou kouròn nan.

Leson 6
Ki lè nou sèten nou sove ?

Tèks pou prepare leson an: Mat.7 :21-22; 11: 28, 13: 36-43;
1Pyè.1: 18; 1Jan.5: 1;
Tèks pou li nan klas la: Jan. 10: 26-29
Vèsè pou resite: Mwen ba yo lavi ki p'ap janm fini an, yo pap janm
peri, pèsonn pap janm ka rache yo nan men mwen.Jan.10: 28
Fason pou fè leson an: Diskou, diskisyon, kesyon
Bi leson an: Fòtifye fwa kretyen nan Sali a

Pou komanse
Gen kwayan kap doute de Sali yo depi menm jou yo konvèti a. Yap
poze tèt yo kesyon e yo di : « Eske m sove vre ? »

I. Kouman w konnen si yon moun sove oswa li pèdi?
1. Sali nou pa gen anyen a revwa ak relijyon nou chwazi. Jezi
   te di : « Vini jwen mwen » Li pat di vin fè w batis ou katolik
   ou advantis. Dayè si te gen yon relijyon ki sove moun, se
   ladan tout moun tap ale. Jezi te byen di sa nan Jan 3 vèsè
   16. « Si nenpòt moun kwè nan li, lap gen la vi etènèl.
   "Mat.11: 28 ; Jan 3: 16
2. Sali nou pa gen anyen a revwa ak santiman nou. Mwen p'a
   kap di ke m 'santi m sove oswa mwen santi m pèdi.
3. Sali nou depann de yon zak Bondye poze li-menm menm.
   Li te peye pri Sali m nan, gras a ofrann vi Jezi-Kris sou kwa
   a pou sove m. Yon fè, se yon fè. Mwen pa kapab 'santi m
   sitwayen. Se sa mwen ye. Pa gen diskisyon nan sa. Mwen pa
   kapab santi m lib. Se sa mwen ap jwi, se yon fè. Mwen pa
   kap santi m sove. Mwen sove. Se yon fè. Nenpot moun ki
   kwè nan Jezi kòm sovè li, li konveti.1 Jan.5: 1
4. Sali nou pa depann de efò nou. Li pat delivre nou paske nou
   te fè kèk bagay ki bon, men paske li menm li te gen pitye
   pou nou. Li delivre nou, li lave nou, li voye pouvwa
   Sentèspri li nan nou pou chanje nou nèt, pou n te kap viv
   yon lòt jan. Ti.3: 5

Pyè di ankò: "...Nou konnen sa li te peye pou sa. Se pat avèk bagay ki kap pèdi valè, tankou lajan ak lò. Men se gras a gwo ofrann san Kris la ki te koule lè li te ofri tèt li tankou yon ti mounton san defo ni okenn enfimite. 1Pyè.1: 18-19

5. Sali nou pa gen anyen a revwa ak travay nap fè nan legliz. . Pi gwo danje ki genyen se lè nou kwè ke nou gen dwa al nan syèl poutèt mirak nou te fè : chase demon, geri malad, preche pawòl la. Bondye pèmèt yo reyalize a kòz repitayon li. Si w tap fè sa ki mal nan moman sa a, Jezi ap di w « mete w deyò. Lap fè w malonèt yo pa fè chyen. Mat. 7 :21-22 Sali w pa gen anyen a revwa ak sa moun panse sou kondit ou. Se bagay ki regade Senyè a. Li di lap kite ni bon grenn ni move grenn yo grandi ansanm. Nan dènye jou li va wete vakabondaj yo nan figi l. Mat.13 :36-43

II. **Kote sous sali nou an ye ?**
   1. Delivrans nou soti nan amou ak nan mizerikòd Bondye pou nou. "Paske, sou pwen saa, Bondye montre nou jan li renmen nou anpil paske nou tap fè peche toujou lè Kris la mouri pou nou.Wom.5:8.
   2. Sali nou an depann de jénéwosité Bondye pou nou. Bondye pa dispoze reprann sa l 'ban nou gratis. Se poutèt sa Jezi te pran nou tankou mouton lap gade kant li di : "Mwen ba yo lavi ki p'ap janm fini an, yo p'ap janm peri, pesonn p'ap kap janm rache yo nan men mwen. Jan.10: 28
   3. Sali nou soti nan dwa ke Jezi sèl te genyen pou rachte nou. Li pa manke mwayen, puiske papa tèlman renmen l ke li renmèt li tout byen li. Se sa ki fè li di ak tout fòs kapasite li : « Si pitit la bay ou libète, ou lib tout bon. Jan.3: 35; 8: 36 Jan di « mwen voye lèt sa bay nou pou fè nou konnen ke nou gen la vi ki pap janm fini an, nou ki kwè nan pitit Bondye a. 1Jan.5:13

Pou fini

Depi nou kap kwè sa, an nou mache ak jwa nan bon chemen, nan ti chemen etwat la ki gen yon bonè ki pap janm fini an.

An nou kite dèyè tout sa le monn nan genyen. An nou priye papa a pou dirije pa nou. An nou konte sou gras li, e a pati de jodia, pa kite anyen mare pye nou.

Kesyon

1. Ki relijyon ki mennen moun nan syèl la? Okenn

2. Konbyen byen mwen dwe fè pou m al nan syèl la? Okenn

3. Konbyen mal, mwen dwe fè pou m al nan lanfè? Okenn

4. Eske m sove si m santi m sove ? Non
   Eske m pedi si m santi m pèdi ? Non

5. Ki jan pou m fè konnen si m sove ?
   Si w kwè nan Jezi kòm Sovè pèsonèl ou.

6. Eske mwen pèdi si mwen fè yon kolè avanm mouri ? Non

7. Eksplike m sa byen
   Ou kap pèdi rekonpans, men pou pap pèdi sali w pou sa.
   1Co.3: 15

Leson 7
Kisa kap rive si m 'fè yon peche grav?

Tèks pou prepare leson an: 1Ko. 3 :12-16; Fi.2: 13; 1 Tès.5: 23; Ti. 3: 5; Ebr.2 :3-4; 1Pyè.1: 18; Ap.22: 15

Tèks pou li nan klas la: 1Ko.3 :12-16

Vèsè pou resite yo: Men tou, si dife a boule travay yon moun, moun sa ap pèdi travay li. Men li menm la sove, tankou yon moun ki chape nan yon kay kap boule.1 Ko.3: 15

Fason pou fè leson an: Diskisyon, konparezon, kesyon

Bi leson an : Montre kretyen yo koman Sali a si tèlman gran ke li difisil pou Bondye ta bouke ak movèz kondit yon pechè.

Pou komanse

Eske Bondye vle nou viv toutan ak yon toumant peche nans konsyans nou ? Eske "Ale nan syèl la se yon bagay serye li ye? Eske pa gen ka pou m doute de pwomès Bondye yo ? Eske lè m mouri mwen pral nan syèl tout bon vre ? Pare w, zanmi ; Bib la pral reponn ou.

I. **Nan ki kondisyon w ye apre ou fi n konvèti ?**

1. Vi w se tankou yon lajan ou depoze nan Bank Bondye. Bank sa gen tout asirans. Depi menm jou ou konvèti a, vi w pa sou reskonsablite w ankò. Li depoze nan kont depay Bondye ak siyati Jezikri sou li. Se Kris ki konte. Se li yo wè. Kan Jezi pral monte sou trò n li, se lè sa nou va parèt ansanm avè l nan tout glwa li. Kol.3 :1-3

2. Satanledyab anvi gen vi sa pou li. Menm jan li te tante Adan nan jaden Eden nan, se konsa tou li te vi n tante Kris nan Dezè a. Se konsa tou li vin pou l tante nou. Adan te tolere Satan, se sa ki fè l te chite. Jezi li menm, li pat tolere l. Okontrè, li te chase l. Jezi bay nou tou pouvwa pou nou chase l. Kòm Jezi konnen jan Satan rize, li kap pran nou nan plan, Bondye setoblije kanpe la tòt, pou prezève nou de tout chit. Gen. 3 :6 ; Mat.4 : 10 ; Jid.24

II. Ki wout Bondye fè ak nou lè nou konveti ?

1. Nou gen zeprèv ak tribilasyon nan monn saa. Se eprèv ke tout moun kap genyen. Satan toujou vle anjandre nou pou fòse nou al tire vi nou nan Bank Bondye swadizan pou bay nou plis avantaj. Kan li pran tèt nou, nou ale gaspiye vi nou nan plezi, nan banbòch, nan sipèstisyon, vòl, kri m ak adiltè. Men Bondye pap janm kite nou tante depase fòs nou pou nou kap sipòte. Se la nan mitan tantasyon an, li fè mwayen pou l delivre nou. 1Ko.10 :13

2. Nou toujou èspoze a fè peche. Men ki sa ki va rive si nou komèt yon peche grav ? Ou pap pèdi Sali w paske w komèt yon fòt ki grav. Pouki sa ? Se paske menm jan Bank yo gen sa nou rele Overdraft pwotection ke nou tradui konsa : Pwoteksyon kont tiraj nou fè ki depase sa nou gen nan Kont nou la Bank», Bondye gen yon overdraft pwoteksyon ke li rele MIZERIKÒD. Ebr.2 :3-4 Nan ka saa, wap sove tankou yon moun ki pèdi tout sa li te genyen nan mitan yon ensandi, men, omwens, wap sove la vi w.

   Sa se ègzanp bon lawon an. Li pèdi tout sa li te vole yo, men nanm li sove paske li te asepte Jezi kòm sovè l. Nan lèt Pòl ekri a Korentyen yo, li di yo konsa : Si yon moun te byen bati sou Jezikri, li va resevwa rekonpans li. Men si byen yon moun ta pran dife, lap sove kòl, men lap pèdi tout sa li te fè. Se tankou li sove anba gwo dife. 1Ko.3 :12-16

   a. Fòk nou pa bliye ke nanm yon kretyen li kler pa limyè konsyans li. Li konnen lè li fè yon bagay ki mal pou l konfese, mande padon e chèche la pè ak sanktifikasyon pou pa pèdi syèl li. Konsa, li pa kap jwe ak peche epi pou l di, map sove kan menm, paske Bondye gen mizerikòd. Ou mèt tann, nan dènye jou a, Jezi pral di li : Deyò mal pou wont, san wont, chyen. Rev. 22 :15

   b. Fòk nou sonje tou ke jefò pèsonèl nou pap janm kap pèmèt nou kenbe vre nan vi èspirityèl nou. Se nou ki pou konnen pou nou renmèt Bondye la vi nou pou l fè sa li vle ladan. Fi.2 :13 Se yon Bondye fidèl pou travay nan kò nou, nan nanm nou ak nan lèspri nou pou konsève yo pwòp jouk tan Kris retounen.1Tes.5 :23

c. Nou pa sove gras a jefò nou fè, men gras a san Jezi sovè nou ki koule pou nou. Tit.3 :5 ; 1Pye.1 :18

d. Sonje byen : tanke nou nan kò saa, nou èspoze a fè peche. Nou dwe konfese yo, mande padon a moun nou fè tò. Konfese nou a Bondye. Li fidèl pou padonen nou e pirifye nou de tout inikite. 1Jan.1 :9

Pou fini

Gade ki jan Papa a renmen nou non ! Li tèlman renmen nou ke li rele nou pitit. An nou konpòte nou tankou pitit lejitim e remesye Bondye pou syèl la li bay nou gratis.

Kesyon

1. Ki jan vi nou ye apre nou vi n konvèti ?
   a. Vi nou chita nan Bank Bondye
   b. Satan ap chèche pou nou fè tiraj vi nou pou nou renmèt li pou l sa gagote l
   c. Bondye ap prezève nou de tout mal.
2. Ki jan pou nou fè pou nou pa tonbe nan tantasyon ?
   a. Se pou nou soumèt nou a Bondye
   b. Se pou nou kenbe tèt ak Dyab la
   3. Eske mwen va pèdi si m komèt yon fot grav ?
      Non. Ou dwe konfese l ak tout kè w.
4. E si mwen pran yon abònman peche, kit pou m kwè ke Bondye twò bon fòk li padonen m ?
   Li va mete w deyò tankou chyen
5. Eske mwen kap ede Bondye pou sove mwen?
   Non. Tout dèt la peye pou nou sou bwa Kalvè
6. Ki jan mwen kap kenbe la fwa nan Jezi ?
   Se li kap kenbe nou pou nou pa chite.
7. Ki sa pou m fè pou m pa ale nan lanfè ?
   Ou oblije pran Jezi pou sovè w

Leson 8
Ki sa Peche kont Sentespri a ye ?

Tèks pou prepare leson an: Mat.12 :31-32; 24: 37, 25: 41; Fi.2: 11; 3 :18-19; 1Ti.1: 19; Ebr.10: 39;1Pi.3:18
Tèks pou li nan klas la: Mat.12 :22-32
Vèsè pou resite: Moun ki pale mal sou moun Bondye voye nan lachè a, y'a padonnen l '. Men moun ki pale mal sou Sentespri a, li p'ap jwenn padon ni kouneya, ni nan tan k'ap vini apre saa. Mat.12: 32
Fason pou fè leson an: Diskisyon, konparezon, kesyon
Bi leson an: Montre koman Bondye pran desizyon li angranmoun lè lap deside pou sove nou.

Pou komanse
Tout peche gen padon. Men peche kont Lesentespri pa gen padon. Koze saa kap bay yon moun lafyèb frison. Eske sa se yon kondanasyon ou byen yon avètisman?

I.   Ki sa Jezi di de peche saa ?
Li deklare » tout peche ak tou vye pawòl ki soti nan bouch nou, lap bay nou èskiz pou yo anwetan peche kont Sentèspri a. Ou pap gen padon depi isit jis devan Bondye nan syèl la. Mat.12 :31-32

II.   Pouki sa jijman an rèd konsa?
1.   Se paske Bondye ki kreye nou an, bay nou tout pi bèl favè yo, e tout pi gran kado yo ki soti direkteman nan syèl la Jak 1:17. Malgre tou, lèzòm pito al viv nan fè nwa paske yo deside fè sa ki pa bon. Jan 3 :18
2.   Se paske Jezi vi n chèche lòm pou retire l nan pèdisyon li. Malgre tout sa li ofri, lezòm meprize gras li a.
3.   Se ankò paske lè Jezi tap pati, li te di disip yo « li ale, men lap voye LeSentèspri pou kondi yo nan pye verite a. Lèzòm twouve moyen pou joure leSentespri. Yo mal pou wont !

III. Ki sa peche kont Lesentèspri a ye ?

Nan Matye 12 vèsè 24 a 37, Jezi tap blamen farizyen yo paske yo te di li gen pwen dyab puiske li te gen pouvwa pou chase demon nan tèt yon moun. Ki jan pou l te dyab pou lap chase pitit dyab ?

1. Konsa, premye peche kont Sentespri se bay Satan glwa pou bagay Bondye fè. Nou bliye ke Satan fache kont nou e sitou paske nou bay Bondye dwa chita nan vi nou pou konbat li. 1Ko.6 :19-20

2. Peche kont Sentespri a se ankò lè yon moun ap fè bandi kont otorite Bondye. Pa egzanp

   a. Yon kretyen ki pote sou li vye priyè, grenn madyòk, vye siy Satan, mak tatou. Ou refize egzòtasyon ki soti nan Sentespri a pou konvenk ou.

   b. Yon kretyen kap fè kat, pase tas, fè moun li nan plat men w ; yon kretyen ki ale kay bòkò ou ki voye wè pou li.yon kretyen ki rele moun nan tab tounant, nan boul kristal, ki pale ak mò. Li déjà pèdi konsyans kretyen li, li pedi kapasite pou li tande vwa Bondye pale avè l. Apòt Pòl di bato lafwa moun sa li koule. 1Tim. 1 :19

   b. Menm la ankò, moun sa te kap sove, paske Bib ladi « nenpòt moun ki pouse yon kout rèl, li rele Bondye, lap sove : Wom.10 :13. Se moun nan menm kifè kou rèd kipa vle vini. Li chwazi pou l pèdi. Men, kòm Bondye te fè plan pou moun sove, li setoblije voye moun sa yo kenbe Satan ak zanj li yo konpanyen nan lanfè. Mat.25 : 41

   c. Moun ki peche kont lesentèspri yo pa vle tande zafè pote kwa lè yo konvèti. Yo pa vle asepte okenn soufrans pou Bondye. Yo wè manje, bagay materyèl, bagay ki pou fè yo wont demen. Fil.3 :18-19

   d. Akote moun sa yo, Pòl pale de yon kòlonn moun ki pap eritye syèl la ; men lis la : Moun kap viv nan dezòd, ki gen lanvi plen kè yo, kap sèvi zidòl, kap pale moun mal, ki tafyatè, osinon ki vòlò. Nou pa dwe chita sou menm tab pou manje ak yon moun konsa. 1Ko.5 :9-11

e. Nou te nan bann yo laplipa. Men Jezi wete nou ladan, li jistifye nou onon de Jezikri, gras a pisans le Sentespri. Tout moun ki meprize gras Bondye kapab tonbe nan lanfè. Moun nan ki ekri lèt a Ebre yo di konsa : « Nou pa moun kap mode lage, men pito moun ki gen la fwa pou nanm yo kap sove. Ebr.10 :39 Li vle di : nou pa vin nan levanjil pou jwèt. Se sa kifè nap pesevere jouk la fen. Konprann byen ke pèseverans se pa mache legliz, men se mache ak Bondye. Si nou vire do bay Bondye, nou pa gen dwa sove. Mat.24 :13

3. Nap pwofite okazyon sa pou mete nou angad nan fason nou pran Levanjil la.

a. Gen moun ki rantre nan relijyon men yo pa te janm antre nan wayòm Bondye a. Yo ka vin byen popilè, byen aktif nan legliz. Men yo bati sou sab popilarite ak kapasite moun. Sèlman, fòk nou di w ke moun nan ki pèdi a, li pa te janm sove. Ki lès moun sa ? Mwen pa konnen. Bondye konnen. Se li ki va jije yo nan dènye jou.

b. Pou ou menm ki konnen ke Jezi te peye chè pou sove w, ou konnen ke ou menm se bitasyon Bondye ou ye. Se pou w konfòme w a kondisyon Jezi mete w la. Fil.2 :11

c. Ou pap travay pou sove, men wap travay pou sanble ak moun ki sove yo, lòske ou renonse a tout vye bagay ou te konn fè lontan yo. 1Pye.1 :18

Pou fini

Gade ki gran chanjman Bondye fè nan la vi w ! Li padonen w gwo joure ou te fè kont Lesentespri ! An nou bay li glwa pou don estraodinè li yo !

Kesyon

1. Ki sa peche kont Lesentespri vle di ?
   Se bay Satan glwa pou sa Bondye fè

2. Ki travay papa Bondye li te fè?
   Li kreye monn sa e li mete lòm jeran tankou asosye l

3. Ki wòl Dye le Fis ?
   Sove lemonn anba pisans malen an, anba peche.
4. Ki wòl Sentespri a ?
   Pou kondi nou nan pye verite a

5. Eske yon moun kap ale nan syèl san li pa pase pa Sentespri a ?
   Non

6. Di nou omwens 3 peche kont Sentespri a
   a. Ale kay bòkò, fè li plat men w, li kat
   b. Pote grenn madyòk. Koupe gad
   c. Refize obeyi Sentespri a lè li pale ak ou pou kite yon peche

Leson 9 - Twa (3) klas pechè devan Sali a

Tèks pou prepare leson an : Jan.3: 16; 5: 39; Wo.6: 21; 7: 15-21; 8 :5-13; Ef.2: 1 -3; 4 :10-31; 1Ko.2: 15, 32; 3 :1-4; 1Tès.5: 17; Jk.3 :13-16; 1Pyè.2 :1-5

Tèks pou li nan klas la: 1Ko.2 :11-16

Vèsè pou resite: Se pa lespri kap travay nan moun kap viv dapre lide ki nan lemonn lan nou te resevwa, Lespri nou resevwa a se lespri Bondye te voye ban nou an pou n te ka konnen tout favè Bondye te fè nou. 1Kor. 2 :12

Fason pou fè leson an: Diskou, diskisyon, konparezon, kesyon yo
Bi leson an: Pèmèt nou fè yon sonday sou kondisyon espirityèl nou.

Pou komanse

Ke w vle, ke w pa vle, Labib pale de twa (3) klas pechè. Se w menm ki va konnen nan ki klas ou ye dapre leson saa.
Se lòm natirèl, lòm chanèl ak lòm èspirityèl.

I. Ki sa lòm natirèl la ye ?

1. Lòm natirèl la se moun ki pa konvèti ditou. Sa vle di li poko janmen fè desizyon pou konvèti. Se tankou yon kay ki bati nan yon devlòpman ak tout koneksyon pou dlo, pou kouran, pou telefòn, men pèson poko fè yon kontra sou li. Pou kay la abitab, fòk mèt li gen otorizasyon enspektè a.
2. Lòske Jezi vini pou fè kontra sou vi w, li fè vi w vin abitab. Limyè Sentespri rantre nan ou pou l klere w ; dlo gras la vi etènèl la ap koule nan ou.Ou gen dwa pale ak Bondye pou w di l tout sa ou vle. Poukisa ?
3. Se paske lòm natirèl li aji dapre sans li
   a. Se yon monden li ye. Li avèg ; Satan mennen l kote l vle.
   b. Li aji selon gwo pouvwa Satan ki nan lè a. Ef.2 :3
   c. Li aji ak tout gwo san li, lap fè rebèl, li pa gen tande.
   d. Li aji selon lachè tankou papa li Adan. Li pa asepte Bondye pase l lòd. Li fè tankou Adan ki manje pòm nan san li pa lapriyè, sa vle, san li pa mande Bondye pèmisyon .Ofans li yo mennen l a la mò. Ef.2 :1.

e. Menm si li gen oto, bel kay, lajan, popilarite, li se yon moun mouri li ye devan Bondye. Jan.3 :16

f. Lap viv nan fè nwa, nan peche l. Bon rezonman li yo pa klere tankou limyè Sentespri a. Ef.4 :17-19

g. Konsa li kwè nan lide pa l men li pa kwè nan direksyon Sentespri a. Ef.2 :1-3
Se sa kifè Satan gen dwa sou li.

4. Konsey mwen gen pou m bay ou :
Puiske Jezi déjà siyen kontra ak san li pou sove w, pou fè vi w abitab, vini kounyea pou ratifye kontra sa. Se kontra la vi etènèl la. Vini kounyea. Jan.5 :39

II. **Lòm chanèl la.**
Ki jan de moun li ye :
Li menm li kwè nan Bondye, men li dominen pa move lide ki nan tèt li. Li toujou ap eskize tèt li pou li di « Chè a fèb »

1. Se yon kretyen ki toujou ap fè li sousi pou bagay materyèl, bagay kap dire pou de jou. Satan kap jwe l byen fasil paske lap sèvi Bondye toutotan ke afè materyèl li mache byen. Si tout bagay mache byen pou li, wap tante l kriye « Beni swa LEtènèl ». Sinon, lap chita la kay li e ni li pap lapriyè.

2. Se ankò yon kretyen kipa mal pou fè move san. Li toujou ap pale w de lejiti m defans komsi li toujou atake. Li pap asepte fasilman ke li gen tò.

3. Li gen plis plas nan vi pou l pale de rezonman o lye de la fwa. Li kwè li dwe ede Bondye. Se pou rezon sa, ou pap wè li fasil nan jèn ap la priyè. Ti priyè li tou kout pase li pa gen anpil bagay li kap di ak Bondye. Wom.7 :15-21

4. Li toujou ap chèche anbyans ak plezi menm nan aktivite legliz. Wom.8 :5-8

5. Li toujou ap fè jalou, diskriminasyon, diferans sou moun ki gen pi bèl po, pi bèl machwè, pi byen kanpe. Li renmen fè diskisyon initil.

6. Li toujou ap fè kapris pou manje, rad, tout bagay materyèl.

7. Li pap fè okenn sakrifis pou sèvi Bondye. Dayè li di w « Bondye pa mande sakrifis » Li dakò pou l kretyen men a kondisyon ke li gen dwa jwi tout bagay nan monn sa. Se

pawòl le monn ki nan bouch li. Misik, CD lemonn li renmen. 1Kor.3 :1-4 ; Jak.3 :13-16

Men konsey nap bay ou. : Li: Ef. 4:25-29; 1Pyè.2:1-5

III. Kretyen ki èspirityèl la

Li yon moun ki mete li apa pou sèvi Bondye

1. Li mache selon dikte Sentespri a. Li mache pa lafwa e non pa dapre sa li konnen ni sa li wè. Wo.8 :9-13 ; 2Ko.5 :7
2. Rezonman li se dapre dikte Sentespri a. 1Ko.2 :15
3. Li lage vi li nan men Bondye. Ef.4 :31
4. Li jije tèt li avan yon moun ta jije l. 1Ko.2 :15
5. Li rayi peche. Li santi li wont lè li fè yon peche. Wo.6 :21
6. Lè li sèvi yon pwochen li, li konnen se Bondye lap sèvi. 1Ko.2.32

Men konsey mwen gen pou w: Li : 2Ti.2 :22-23 ; 1Tès.5 :17

Pou fini

Men ou gen toule twa (3) tablo yo w. Premye a pale de eta de pedisyon w. Dezyèm nan pale de sitiasyon w tankou yon moun ki sou chans. Twazyèm nan pale de moun ki sove e tou kap tann kouròn nan. Ak ki lès ou sanble ?

Kesyon

1. Ki jan pou w fè konnen si yon moun se lòm natirèl li ye ?
   a. Li pa gen Bondye nan la vi l. Nan m li mouri
   b. Li aji dapre lide li, dapre sa Satan mete sou kè l, selon pisans Dyab la.
   c. Lap viv alèz nan peche
2. Ki jan pou w fè konnen si yon moun se lòm chanèl li ye ?
   a. Li fè move san fasil
   b. Li vle pou l kretyen an menm tan pou lap jwi monn saa.
   c. Li poze kesyon sou tout bagay. Li pa gen la fwa.
3. Ki jan pou w fè konnen si yon moun se lòm èspirityèl li ye ?
   a. Li rayi peche
   b. Li pè fè Bondye fache
   c. Li gen bon rezonnman
   d. Li kite Sentespri kondi l.
4. Eske yon moun kap chanje kondisyon sa yo ? Wi
5. Ki moun ki kap fè chanjman sa yo nan la vi w? Bondye
6. Ki jan ? Lè w asepte fè volonte l

Leson Èspesyal - Aksyon De Gras Thanksgiving

Leson 10 Bondye gen feblès pou lwanj

Tèks pou prepare leson an : Sòm. 22: 4; 26 :6-7, 33 :1-3, 40: 5 ;
150 :1-6; Ezayi. 6 :2-3; Je.23: 13; Mal.2: 2; Mat.10 :32-33; Mc.10 :32-
47; 1Ti.6: 16
Tèks pou li nan klas la: Mal.2: 1-4
Vèsè pou resite : Si nou pa koute sa map di nou la a, si nou pa soti
pou nou sèvi yon lwanj pou mwen, map voye madichon sou nou. Se
senyè ki gen tout pouvwa a kap pale konsa wi. M'ap madichonnen
tout bagay kap vin pou nou yo. **Mal.2:2**

Pou komanse
Li pa difisil pou nou konnen adrès Bondye. Jeremie di « nou kapab
jwen li si nou chèche l ak tout kè nou. » Je.23 :13
David di « Si nou bezwen l, nou va jwen li nan mitan moun ou byen
anj kap fè lwanj pou li. Ki jan nou kap admire li nan pozisyon saa ?

I.   **Bondye demere nan glwa li anwo nan syèl la.**
  1. Li rete nan yon limyè pèsonn poko wè, ni yo
      p'ap ka wè. 1Ti.6: 16
  2. Li chita nan mitan lwanj: Sòm.22: 4
  3. Djòb Serafen yo se pou ba l glwa toutan.
      Ez.6 :2-3

II. **Bondye ap tann menm ke tout sa li kreye, lwe li.**
  1. Li 'ap tann lwanj de moun ki sensè. Sòm.33: 1
  2. Li pa nan bouyon rechofe. Lap tann nou bay li lwanj nan
      diferant fason. Sòm.33: 3; 40: 5
  3. Li ap tann lwanj pou sa li ye, pou sa li te fè ak pou sa li pral
      fè. Se poutèt sa, Jezi te komanse bay li lwanj avan menm li
      te resisite Laza. Ou dwe louvri je w pou wè bèl mèvèy li fè
      pou w al rann temwayaj. Sòm.26 :6-7; Jan.11 :41-42
  4. Li vle ke tout sa ki ap respire, ni moun, ni bèt, ni plant yo
      bay li glwa. Sòm.150: 6

III. Konsekans lwanj nan

1. Bondye beni moun ki adore li. Mal.2: 2
2. Li fè mirak an favè yo. Nou wè pa egzanp koman li fè yon mirak gerizon pou Batime paske, olye de rele l Jezi de Nazarèt, li relel Jezi, pitit wa David la. Mc.10: 47
3. Bondye deside bay madichon a tout moun kap fè rebèl kipa vle bay li lwanj. Li di li menm tou li va jennen prezante yo devan papa l nan syèl la. Mat.10 :32-33 Chak jou, chak evènman, chak opòtinite pou David te yon okazyon pou fè lwanj pou Bondye. Li di « lap bay Bondye glwa tout tan, lwanj pou Bondye ap toujou nan bouch li. Sòm.34: 2 Li p'ap ka konsa, si w pa fè Bondye konfyans.

Pou fini
Fè lwanj pou Seyè a chak jou, fè fèt pou li pou bèl bagay yo li fè.

Kesyon

1. Kote Bondye rete? Nan yon limyè moun pa kapab pwoche.

2. Ki lès nan syèl la kap lwe li lajounen kon lannwit? Serafen yo

3. Ki moun lap tann pou bay li lwanj? Moun yo ki mache dwat yo.

4. Kijan Bondye reponn moun ki bay li lwanj?
   Li beni yo

5. Ki moun nan Ansyen Testaman nou konnen ki te konn bay li lwanj ? David
   E nan Nouvo Testaman ? Batime

6. Ki sa lap fè ak moun ki refize lwe l.
   Lap bay yo madichon.

Fèt la Bib Leson 11 - Jezi se Bondye tout moun ta dwe admire

Tèks prepare leson an: Es.9: 5; Mat.8: 17; 28 :19-20; Mc.5: 20; 8 :22-26; Lik.1: 35; 18: 8, 24: 7; JAN .2 :1-9, 6: 15, 7: 46; 14 :1-27, 19: 6; He.4:14; Ap.1: 8; 5 :4-5;

Tèks pou li nan klas la: Es.9 :1-5

Vèsè pou resite: Nou gen yon ti pitit ki fenk fèt. Bondye ban nou yon gason. Se li menm ki pral chèf nou. Ya rele l : Bon konseye kap fè bèl bagay la,Bondye ki gen tout pouvwa a, Papa ki la pou toutan an, Wa kap bay kè poze a.**Es.9: 6**

Fason pou fè leson an: Diskou, konparezon, kesyon yo

Bi leson an: Montre ki jan Bondye mete l pou pwoche nou e sove nou.

I. Nan la syans
A. Li se yon ekspè nan tout syans lòm kap devlope.
1. Nan syans Chimi li konnen, nou wè Li fè dlo tounen diven. Jan.2: 9
2. Nan syans Byoloji li konnen, nou wè Jezi fèt, yon ti moun toutafè nòmal san yon papa sou la tè. Lik.1: 35
3. Nan syans fizik li byen konnen, Li desann soti nan syèl la san li pa fè akwobat, ni li pa pran parachit, ni li pa toudi. Ebre.4: 14
4. Nan syan ki etidye zafè lajan, li pa dakò ak resesyon, ni depresyon pou fè kwè gen moun kap rete san manje. Ak 5 pen e 2 pwason, li bay 5,000 gason manje. Nou pa konte fanm ak ti moun. Jan.6: 10
5. Nan syans medsin nan ke li konnen, li geri yon malad ak yon nonm avèg depi l fèt san li pa bay yo okenn medikaman. Mak.8 :22-26
6. Nan syans politik ke li konnen trè byen, yo di li : admirab, konseye, Bondye Tou Pisan an, Pè Letènèl, prens la ki pote la pè a. Ez.9: 5; Mak.5; 20; Jan.7: 46; Jan.14: 9, 27

B. Nan syans teoloji a.
Li di "Pesonn p'ap kap ale jwen Papa si li pa pase pa li
menm. Jan.14: 6

II. Nan listwaa, Li se komansman ak la fen.
Rev. 1: 8
Li merite glwa ak onè. Ap.5 :4-5. Li bay nou tout sa nou bezwen.
Jan.14: 14 Pa gen moun ki pi gran pase l nan listwa.

III. Nan relasyon ak lòt moun
1. Yo rele li mèt . Poutan, Li pa gen menm yon sèvitè.
Lik.18: 18
2. Yo rele l pwofesè. Poutan, Li pat gen okenn degre nan
inivèsite.
3. Yo rekonèt li tankou doktè. E poutan, Li p'at janm preskri
malad yo okenn medikaman. Mat.8: 17
4. Yo rekonèt li kòm chanpyon ak yon non ki piwo pase tout
non. Li p'at janmen mennen yon lame e poutan li te venk
lemonn. Mat.28 :19-20
5. Yo te rekonèt li pou inosans li. E poutan yo te kloure l sou
lakwa a tankou pi gwo malfektè. Jan.19: 6
6. Yo te rekonèt li tankou bòs chapant lan. Nan ka saa , li
toujou konsève tit saa paske li ap bati kay pou nou rete
ansanm avèl anwo nan syèl la. E lap fè sèkey tou pou tere
tout relijyon.Jan.14: 3
7. Li te yon moun tankou tout moun. Lè l 'mouri, yo te mete
kadav li nan yon tonbo. E poutan lap viv toujou paske li se
Bondye san manke yon ti kras. Lik.24: 7; Col.2: 9

Pou fini
Si w ta renmen konnen piplis sou li toujou, louvri Bib la epi louvri
kè w.

Kesyon

1. Kijan pwofèt Ezayi a, te rele-li?
   Admirab, Konseye, Bondye pisan an, Papa Bondye, chèf ki vinn
   mete Lapè a.

2. Montre nou senk diplòm Jezi te gen kòm gran mèt.
   Nan Chimi, nan ekonomi, nan medsin, nan fizik, nan edikasyon

3. Poukisa yo te touye-li? Pou peche nou yo.

4. Eske nou kap devine ki kote Jezi te fè etid inivèsitè li yo.
   a. Li se Bondye. Tout bagay sa yo pran ni komansman yo ni
      fen yo nan li menm.
   b. Ki kote nou kap jwen pi gwo enfòmasyon sou li?
      Nan Bib la.

Leson 12
Mari , yon madanm ki te gen imilite

Tèks pou prepare leson an : .1 :26-56; 2 :21-52; Jan.2 :1-12; 19 :25-47; Travay.1 :1-14
Tèks pou li nan klas la: Lik.1 :46-56
Vèsè pou resite: Lespri m 'kontan an, Bondye ki delivrans mwen, paske li te voye je sou sèvant ki soumèt devan li. **Lik.1 :47-48a**
Fason pou fè leson an: Diskou, konparezon, kesyon
Bi leson an: Pale de bonte yon fanm ki te kabap ogeye si li te vle.

Pou komanse
Ki bon madanm sa! ... Si tout fanm te konsa !...Pa tap janm genyen divòs. Nou te kap jwi paradi depi sou tè saa! Mari te san lògèy. Nou kapab wè sa nan plizyè okazyon:

I. **Kan lanj Gabriyèl te vinn pale avè l.**
    1. Li pat diskite avèk zanj lan ke Bondye te voye. Zanj la soti nan syèl la pou anonse l ke Bondye te chwazi l pou l ta vin manman Senyè a. Li te poze kesyon sèlman pou li te byen ransenye li ke se ak Bondye li annafè. Anfen li di : « Mwen se sèvant Senyè a. Mwen dakò pou m obeyi a volonte l. "Lik.1: 37
    2. Kan li te konvèti.
        Li rekonèt Jezi kòm Sovè li e li pat janm revandike tit manman pou Bondye ni rekonèt Josef tankou papa pitit Bondye li pote a. Lik.1: 47
    3. Kan li te akouche.
        Mari te akouchc Senyè a nan kote ki pi senp la, nan yon pak zannimo. Mari pa plenyen pou sa bay Jozef ni bay okenn lòt moun. Lik.2: 7

1. Nan respè li montre pou vokasyon Pitit li.

Apre fèt Pak la, nan la vil Jerizalèm nou sonje li menm ak Josèf, yo te pran 3 jou pou yo chache Jezi. Mari ta gen dwa pou mande Jezi ki kote li te ale. Jezi te fèl konpran ke li te vini pou okipe zafè papa l. Mari pa rache yon mo. Lik.2: 49

2. Nan fason li soumèt li devan desizyon Pitit li.

Nan nòs Kana nan peyi Galile a, lè Mari wè diven ap fini, li ale kot Jezi pou li di l sa. Pou reponn li, Jezi di l kareman : "Madanm, ki rapò genyen ant mwen menm avè w ? Lè pou m deside m nan poko vini." Olye de pran sa pou yon pakèt afè, Mari di sèvitè yo : "Fè sa li di nou fè." Li te kwè ke Jezi tap bay yon repons kan menm. Li pat fè okenn diskisyon ki te kapab gate fèt moun yo. Jan.2: 6

6. Nan atitid li nan pye mò n Golgota kote Jezi tap soufri

Mari te la pou tande an silans dènye pawòl pitit gason li. Li te touche ak tout jouman ak mepri yo te bay Sovè nou an. Sepandan, pou li pa fè sitiasyon vin pi grav, li pa reponn mokè yo. Jan. 19 :25-27

7. Nan atitid li pami disip yo apre Jezi te monte nan syèl.

Lè sa te gen 10 jou avan Lapannkòt, nou wè li ansanm ak zapòt yo. Li pat la tankou yon pastè men pito tankou yon fidèl sèvant Mèt la.

Travay .1: 14

Pou fini

Ki madanm modèl sa! Ki bon manman sa ! Ki bon manm legliz sa! Fè tankou li. Rete nan limit nou , epi kite Bondye dirije la vi nou.

Kesyon

1. Ki moun ki te anonse Mari ke li pral gen yon pitit pandan li teyon fiy vièj? Yon zanj

2. Ki jan li te asepte nouvèl saa? Ak anpil soumisyon.

3. Pwouve sa: Nan anons zanj la, nan konvèsyon li, nan akouchman li, nan relasyon li ak Jezi, nan devouman li kòm manman, nan pesevrans li tankou mann legliz.

4. Ki kalite, si yon fanm genyen l, ki kap pwoteje maryaj li kont divòs ? Imilite

5. Vre ou fo
   a. Jozèf te marye ak Mari. __V __ F
   b. Mari te tifi apre nesans Jezi __ V __ F
   c. Mari te tifi apre nesans lòt timoun yo __V __ F
   d. Jezi te vle manke Mari dega. __ V __ f
   e. Mari te goumen ak bouwo yo pou reklame kò Jezi.
      __ V__ F
   f. Lè Jezi te fèt, Ewòd voye yon kat felisitasyon pou Mari.
      __ V __F

Lis vèsè pou trimès la

Leson 1   Ki jan Bondy li menm li wè lòm.
Apre sa, Bondye di: Ann fè lòm pòtre ak nou, jan nou, pou li sanble ak pouvwa sou pwason ki nan lanmè, sou zwazo ki nan syèl la, sou bèt, sou tout latè, sou tout bèt ki vant sou latè. **Jen.1: 26**

Leson 2   Ki jan plan Sali a ye.
Eske nou kwè ekri nan Liv pale an pou gremesi? Se avèk jalouzi, se Bondye chè, Lespri Bondye a pou l 'te fè yo rete nan nou. **Jak.4: 5**

Leson 3   Yon Sali lapoula.
Paske, Bondye sitèlman renmen lèzòm li bay sèl Pitit li a pou lòm ki mete konfyans yo nan li p'ap janm mouri, men li va Gen lavi etènèl. **Jan.3: 16**

Leson 4   kretyen yo, sitwayen nan Site selès la.
Men koulye a, nan Jezi-Kris, nou menm ki te lwen tan lontan, nou te pre a san Kris la. **Ef. 2: 13**

Leson 5   Ki plas zèv yo nan zafè Sali nou an ?
Paske, se la favè Bondye a nou delivre, avèk mwayen nan konfyans. Apre sa p'ap soti nan nou, se yon kado Bondye. Se p'ap pou yo fè pou lòm ki p'ap fè lwanj. **Ef.2 :8-9**

Leson 6   Ki lè nou sèten nou sove.
Mwen ba yo lavi etènèl epi yo p'ap janm peri, pesonn p'ap yo ravira nan men mwen. **Jan 10: 28**

Leson 7   kisa kap rive si m fè yon peche grav ?
Si travay yon lòm se manje yo boule yo, li va pèdi rekonpans li, pou l', li va sove, men tankou nan atravè nan dife. **1Ko.3: 15**

Leson 8   Ki sa ki peche kont Sentespri a ?
Lòm ki pale mal sou lachè a, y'a padonnen l ', men lòm ki va pale mal sou Sentespri a, li p'ap va padonnen l', ni nan syèk sa ni nan tan k'ap vini yo. **Mat.12: 32**

Leson 9   Twa(3) klas pechè devan Sali a.
Lò, nou p'ap resevwa lespri ki nan lemonn yo, men Lespri Bondye a ki soti nan Bondye, pou nou ka konprann tout bagay, se Bondye nou te bay favè li. **1Ko. 2: 12**

Leson 10   Leson èspesyal : Aksyon degras
Si ou vle koute a, si ou p'ap pran t nan kè yo pou bay lwanj pou non m ', di Seyè a ki gen tout pouvwa a, m'ap voye nan mitan nou yo madichon, epi m'ap madichonnen nou benediksyon.

Leson 11   Leson pou Fèt la Bib : Jezi se Bondye tout bon moun ta dwe admire.
Paske yon tilòm se pitit nou yo, yon pitit pitit nou se ba, ak dominasyon va desann li sou zepòl li. Yo va rele sezi, Konseye, Bondye, pouvwa, Papa a, Seyè a, te chèf nan Lapè. **Es.9: 5**

Leson 12   Mari yon madanm ki te gen imilite.
Lespri m 'kontan an, Bondye ki delivrans mwen, paske li te voye je sou sèvant ki soumèt devan li. **Lik.1 :47-48a**

Lis sijè yo

Ti detay sou vi Pastè Renaut Pierre-Louis

Pastè nan Legliz Batis Saint Raphael,	1969
Diplômen nan Teoloji nan Seminè Batis Limbe,	1970
Diplômen nan Lekòl kontablite Julien Craan	1972
Pwofesè Angle ak Panyòl nan Collège	
Pratique du Nord au Cap-Haitien	1972
Pastè nan Premye Legliz Batis nan Cap-Haitien,	1972
Pastè nan Legliz Batis Redford, Cité Sainte	
Philomène	1976
Diplômen nan Lekòl Avoka au Cap-Haitien	1979
Fondatè Collège Redford ak l'Ecole	
Professionnelle ESVOTEC	1980
Pastè nan Legliz Batis Emmaüs à Fort Lauderdale	1994
Pastè nan Legliz Batis Péniel à Fort Lauderdale	1996

Pastè depi senkantdezan (52), Avoka, Poèt, Ekriven, Konpozitè Teyat, li jwe teyat Jodia sèvitè Bondye sa pote pou nou « **Dife k ap vegle zye w la** » Se yon liv pou enstri nou. Li gen gwo koze nan teoloji ladan. Li déjà fè gwo chanjman nan fason pou anseye nan Lekòl Dimanch e nan fason pou nou prezante mesaj Pawòl Bondye a.

Pastè yo, predikatè yo, monitè yo, kretyen ki gen zye klere yo, tanpri, pran « **Dife k ap vegle zye w la**» a. Kan w fini, pase l bay yon lòt. 2 Tim. 2:2

Komantè Moun Ki Abone Liv saa

Depi nan ane 1995, m'ap anseye Lekòl Dimanch ak Tòch la. Lè sa li te sou fèy detache. Jiska prezan, mwen pa wè tankou'l ditou pou fòmayon kretyen nou yo. Anverite, Tòch la se yon Kado Bondye voye bay nou. Tout glwa se pou Li.

New Vision Philadelphia Church of God
Pastè Henock Chery

Pastè Renaut, Liv ou yo pa gen pri. Ke le Senyè ka toujou sèvi ak ou pou byen Legliz nou yo e pou glwa pa'l.

Pastè Joanès Martin

Dife tou Limen an chofe nou pou nou preche Pawòl nan tout jan. Menm si travay la anpil e gen moun ki poko vle konvèti.

Michel Eugene

Tòch la se yon trezò li ye pou tout pastè yo ak Legliz yo. Kant ou gade gwo fomasyon teolojik, biblik evanjelik ou jwenn ladan, ak tout sa li pale sou vi yon kretyen, nou wè nan li yon eritaj pou tout jenerasyon yo kap vini.

Me. Eutrope Samson

Dife Tou Limen an pote yon revolisyon total nan fason pou nou anseye nan Lekò Dominikal e nan vi pèsonèl nou. Nou di « Beni swa Letènèl!"

Pastè Chevelon Elisner

Depi setan (7) nou menm nan Legliz Nazareyen nan Palm Bay, se Liv sa nou adopte pou anseye nan Lekòl Dominikal. Pa genyen tankou li ditou. Se yon gras. Nou di Bondye mèsi.

Pastè LaFrance Diedenomi

Liv saa se yon kokennchenn zouti pou ede Legliz yo grandi nan fwa yo e nan konesans Bondye. Li ede nou tou nan Etid Biblik, nan prepare mesaj, nan meditasyon nou e nan devosyon an fanmiy. Li ekri nan yon langaj senp, toutaklè pou nou konprann. Nou di Bondye mèsi pou talan sa li bay sèvitè'l pou'l ede tout kretyen yo.

Eglise des Frères Haïtiens, Miami

Pastè Ilexene Alphonse

Mwen di Bondye mèsi pou tout koleksyon Tòch la. Li fèm pi konprann Levanjil e li fè'm grandi nan vi èspirityèl mwen chak jou. Mwen di'l ak tout kè'm.

Rev. Pastè J. P. George Lahens
Gestionnaire/Professeur de carrière

Pastè Renaut,
Mwen di Bondye mèsi pou liv saa ki gandi konesans mwen e amou mwen nan Pawòl Bondye a. Mwen kapab temwaye ke li chanje fason de panse nan monn evanjelik la. Bondye sèl ki kap rekonpanse'w ni isit ni nan syèl la.

Haitian Christian Ministry, Arizona
Pastè Abner Lamy

Si w bezwen enfòmasyon sou liv yo ak brochi nou ekri yo, ou kap kontakte nou nan adrès sa yo :

Peniel Southside Baptist Church
P.O. Box 100323
Fort Lauderdale, FL 33310
Mobile: 954-242-8271
Phone : 954-525-2413
Website : www.theburningtorch.net
E-mail:renaut@theburningtorch.net
E-mail :renaut_cyrille@hotmail.com

www.ingramcontent.com/pod-product-compliance
Lightning Source LLC
Chambersburg PA
CBHW060231030426
42335CB00014B/1400